DE LA
MAINMORTE
AU
MOYEN-AGE

DE LA POSSIBILITÉ POUR LE MAINMORTABLE OU SERF DE QUITTER
SON DOMICILE ET DE RECOUVRER SA LIBERTÉ.

DES CHARGES ET DES OBLIGATIONS DU MAINMORTABLE
ENVERS SON SEIGNEUR.

LA CONDITION DU MAINMORTABLE COMPARÉE A CELLE DU PAYSAN
DU MILIEU DU XIXe SIÈCLE,
DANS LE COMTÉ DE BOURGOGNE EN PARTICULIER.

ÉTUDE HISTORIQUE

PAR

LE DOCTEUR J. BERTIN

MÉDECIN HONORAIRE DES HOSPICES DE GRAY
Membre de l'Association Française pour l'avancement des Sciences
Membre de la Société Française d'Archéologie
de la Société bourguignonne de Géographie et d'Histoire
de la Société des Sciences et Arts de la Haute-Saône

GRAY

IMPRIMERIE ET LITHOGRAPHIE DE GILBERT ROUX

1896

DE LA

MAINMORTE

AU

MOYEN-AGE

De la possibilité pour le mainmortable ou serf de quitter son domicile et de recouvrer sa liberté.

Des charges et des obligations du mainmortable envers son seigneur.

La condition du mainmortable comparée a celle du paysan du milieu du XIXe siècle, dans le comté de Bourgogne en particulier.

ÉTUDE HISTORIQUE

PAR

Le Docteur J. BERTIN

MÉDECIN HONORAIRE DES HOSPICES DE GRAY
Membre de l'Association Française pour l'avancement des Sciences
Membre de la Société Française d'Archéologie
de la Société bourguignonne de Géographie et d'Histoire
de la Société des Sciences et Arts de la Haute-Saône

GRAY

IMPRIMERIE ET LITHOGRAPHIE DE GILBERT ROUX

1896

LA MAINMORTE AU MOYEN-AGE

I

On croit généralement que le paysan, au Moyen-âge, était attaché à la terre sans possibilité de sortir, d'une façon légale et certaine, de cet esclavage déguisé.

Ceux qui se sont occupés de la condition des personnes à cette époque savent le contraire ; mais ils sont peu nombreux, et il y a intérêt à appeler l'attention sur ce sujet.

Il m'a été donné de rencontrer aux archives de la Côte-d'Or plusieurs documents curieux relatifs à cette question. Sans être absolument rares, les documents de ce genre ne sont pas très communs, et il m'a paru utile de les faire connaître.

L'un est un acte notarié, du 9 février 1445, par lequel Pierre de Beaujeu, seigneur de Montot (1) et de Charmes (2) en partie, rencontrant à Charmes un de ses hommes de Montot, l'engage à rentrer dans son village, et le prie de ne pas *s'avouer* (c'est-à-dire se donner) à un autre seigneur, LUI OFFRANT DE RÉPARER LES TORTS QUE SES PRÉDÉCESSEURS OU D'AUTRES ONT PU AVOIR ENVERS LUI.

Un autre est aussi un acte authentique, du 15 décembre 1403, par lequel Etienne et Jean Berthin de Renève (3) déclarent *désavouer* (c'est-à-dire quitter) Symon d'Angoulevant, leur seigneur,

---

(1) Montot, canton de Dampierre-sur-Salon, arrondissement de Gray (Haute-Saône).

(2) Charmes, canton de Mirebeau, arrondissement de Dijon (Côte-d'Or).

(3) Renève, canton de Mirebeau, arrondissement de Dijon (Côte d'Or).

et devenir sujets du duc de Bourgogne, selon la coutume de Dijon ou de Talant (1) ; moyennant quoi, ils paieront chacun un sou tournois de rente ou cens au prévôt de Dijon, ou à tout autre officier du duc qu'on leur désignera.

Un troisième, tiré des protocoles d'Oudot Godard, notaire à Dijon, n'est pas moins intéressant. Le 22 septembre 1393, Jehan Joly de Jussey, originaire de Beaujeu, *désavoue tous autres seigneurs, et se reconnaît homme de Henri de Baudoncourt, seigneur de Beire,* (2) *pour lui et sa postérité.* En retour, Henry de Baudoncourt lui donne PERPÉTUELLEMENT une faulx de pré et deux journaux de terre, que led't Jehan s'engage *à tenir dudit seigneur,* EN MÊME TEMPS QUE SES BIENS PATERNELS ET MATERNELS, OU TOUS AUTRES QU'IL POURRA ACQUÉRIR, *et qu'il ne pourra vendre, aliéner, ni échanger sans la permission dudit Henry de Baudoncourt.* Par le même contrat, Jehan s'engage à servir son seigneur pendant trois ans, « *en toutes choses licites et honnêtes.* »

Le mot de mainmorte n'est pas prononcé, mais les obligations contractées par Jehan Joly sont bien celles du mainmortable. *Il se reconnaît homme de Henri de Baudoncourt, et, de plus, il ne pourra vendre, aliéner ou échanger non-seulement les prés et champs que lui a donnés son seigneur, mais encore les biens qui lui arriveront de ses parents, ou ceux qu'il pourrait acquérir dans la suite.* C'est un cas de mainmorte par convention expresse. (Voir DUNOD, *De la Mainmorte,* p. 23).

Au lieu de s'affranchir en se déclarant sujet du duc, Jehan se déclare homme d'un autre seigneur et rentre dans la condition mainmortable. Cela tendrait à démontrer que cette condition n'avait rien de bien effrayant.

×

Ainsi, comme on le voit, le serf pouvait quitter son domicile sans s'exposer à des brutalités, dont la moindre était d'être appréhendé au corps par les sergents, pour être ramené au domaine de son maître.

---

(1) Talant, à 3 kilomètres à l'ouest de Dijon, sur une hauteur. Il y avait un château-fort appartenant aux ducs de Bourgogne, qui accordèrent en différents temps de grands privilèges aux habitants. Le duc Eudes III, en 1216, permit de choisir un d'eux pour rendre la justice et exercer la police. Depuis ce temps, il y a toujours eu un maire. (COURTÉPÉE, *Description du duché de Bourgogne,* t. II, p. 254.)

(2) Beire-le-Châtel, canton de Mirebeau, arrondissement de Dijon (Côte-d'Or).

Bien plus, il pouvait revendiquer hautement sa liberté et s'affranchir de sa propre autorité et malgré son seigneur, auquel il n'avait qu'à signifier ses intentions, en se déclarant sujet du roi ou du souverain de la province, quand il ne choisissait pas simplement un autre maître dans le voisinage ou dans une autre contrée.

Que nous voilà loin des préjugés universellement répandus !

II

Quelle était l'origine de ce droit? On l'ignore. Dans tous les cas, il est inscrit tout au long dans les coutumes, et en particulier dans les coutumes du comté de Bourgogne, où on lit :

Article IV. — « L'homme de mainmorte pour lui et sa pos-
« térité à naître, pour ses enfants nés, étant en communion avec
« lui tant seulement, peut délaisser et abandonner son seigneur
« en renonceant audit seigneur ses meix et héritages mainmor-
« tables et la tierce partie de ses meubles tant seulement, *si c'est*
« *au tort du dict seigneur*; et si ce n'est au tort dudit seigneur,
« sera ledit homme tenu de délaisser, avec les dits meix et héri-
« tages, les deux parts de ses dits meubles quelque part qu'ils
« soient (1); et par cette manière, *acquerra le dit homme franchise*
« *et liberté pour lui et sa dite postérité dessus déclarée.*»

Article XI. — « Gens de mainmorte qui se sont absentés, et
« dedans *dix ans* retournent pour avoir leur dit meix et héritages,
« seront reçus par leur seigneur en payant et rendant tous frais et
« missions (dépenses) pour réparations nécessaires faites pendant
« le dit temps es dits meix et héritages : et seront les fruits et
« profit des dits meix et héritages eschus durant les dix ans
« audit seigneur. Et si lesdits gens de mainmorte ne les requiè-
« rent dedans ledit terme de dix ans, lesdits seigneurs en pour-
« ront faire leur plaisir et profit. » (DUNOD, *Traité de la Mainmorte*,
p. 230).

---

(1) Aux pièces justificatives, on trouvera à la suite du n° III, le traité de mariage de ce mainmortable auquel son seigneur, Henry de Baudoncourt, *donne un lit garni*, une robe pour la mariée et *dix-huit francs d'or*, somme considérable pour l'époque, et destinée *à acheter héritage*. Rien d'extraordinaire que le donateur s'en réserve la reprise en cas de décès sans enfant, ou en cas de départ de la donataire.

C'est dans le même ordre d'idées, que certains baux portent que lors de son départ, le fermier, *qui certainement les a reçus à son entrée en jouissance*, doit laisser la paille et le foin de la dernière récolte, et qui font alors partie du mobilier.

Le mainmortable pouvait donc s'absenter pendant dix ans et venir ensuite, *suspendant le droit d'Eschute*, réclamer son meix sans que le seigneur pût refuser de le recevoir.

Aussi, a-t-on vu Pierre de Beaujeu mettre pour ainsi dire son homme en demeure, par devant notaire, afin de pouvoir, après sa réponse, reprendre le meix et le confier à un autre.

La coutume générale des deux Bourgogne, qui remonte à 1231, avait déjà consacré ce principe de droit féodal, et mentionné l'obligation du désaveu, c'est-à-dire de la signification au seigneur de l'intention de le quitter.

« Li hons (hommes) taillaubles que se part de dessoubs son « seignour et vat demorer en autre seignorie et fait autre sei- « gnour, li sires dessous cui il s'est partis sans dessaveu, le puet « demander comme son homme se il n'est montrez que il lait « desavouhey.» (PÉRARD, *Recueil de pièces servant à l'histoire de Bourgogne*, in-f° 1664, p. 360).

En voyant ces principes formulés d'une façon si précise et sans conteste possible, faut-il s'étonner de la lenteur du progrès? Ne faut-il pas, au contraire, admettre que le paysan n'était peut-être pas aussi malheureux qu'on veut bien le dire aujourd'hui. *Il vivait en somme dans un état conforme au temps et à l'état de la société; et, comme le sage, il supportait le mal dans la crainte du pire.*

Dans tous les cas, on ne pourrait trouver la raison de leur prétendue inertie, dans l'ignorance absolue où la plupart des serfs étaient de leurs droits. On aurait la preuve du contraire, dans les conventions que les seigneurs faisaient entre eux, pour empêcher le départ de leurs hommes.

En 1239, Pierre de Bauffremont s'engage à ne recevoir sur ses terres aucun sujet de Jehan de Châlon, sire de Salins. (Abbé GUILLAUME. *Hist. des Sires de Salins*, t. I, p. 129).

En 1203, Eudes III, duc de Bourgogne, sur les prières de l'abbé de St-Seine, déclare qu'il ne donnera pas asile aux hommes de l'abbaye. (Dom PLANCHER, *Histoire de Bourgogne*, I, p. 169).

Et cependant les ducs de Bourgogne, suivant l'exemple donné par l'empereur Frédéric Barberousse (1), et plus tard par les

---

(1) L'empereur Frédéric Barberousse était comte de Bourgogne par son mariage avec Béatrix, fille et héritière du comte Raynaud.

rois de France, encourageaient cette tendance à réclamer la liberté, qui affaiblissait les grands-vassaux tout puissants. « Phi-
« lippe le Bel auquel le comte Othon IV avait cédé le comté de
« Bourgogne par le traité de Vincennes en 1295, rétablit les
« choses en l'état où elles étaient sous Frédéric. Il institua le
« Parlement de Dôle (1) sur le modèle de celui de Paris : il par-
« tagea la province en deux bailliages (amont et aval) et confia les
« justices inférieures à des prévôts. Il établit le recours du
« peuple au souverain : il autorisa ses baillis, ses officiers et ses
« juges à expédier aux sujets de ses vassaux des lettres de garde,
« de protection, de commandise, de bourgeoisie ; et ces lettres
« étaient attributives de juridiction. » (PERRECIOT. *De l'État-civil
et de la Condition des terres et des personnes dans les Gaules*,
t. II, p. 104).

« L'usage des commandises ou bourgeoisies du comte forme
« un point fondamental de notre droit public. L'utile habitant
« des campagnes et le timide feudataire eurent là liberté de
« s'adresser aux juges royaux, soit directement, soit par appel :
« ils purent même y amener leurs seigneurs et les forcer à
« reconnaître cette juridiction. » (PERRECIOT. *Id*).

Après la mort de Philippe le Bel, son fils, Philippe V, dit le Long, devenu comte de Bourgogne par son mariage avec Jeanne, fille du comte Othon IV, continua la politique de son père.

Il publia un édit qui mérite d'être rapporté :

« Comme selon le droit de nature chacun doit naître franc, et
« par anciens usages et coutumes qui de grand ancienneté ont
« été introduites et gardées jusqu'ici en notre royaume, moult de
« personnes de notre commun peuple sont chues en liens de ser-
« vitude et de diverses conditions, ce qui moult nous déplaît,
« Nous, considérant que notre royaume est dit et nommé le
« royaume de France, et voulant que la chose s'accorde vraiment
« avec le nom, par délibération de notre grand Conseil, avons
« ordonné et ordonnons que généralement partout notre royau-
« me, tout comme il peut appartenir à Nous et à nos successeurs,

---

(1) Le Parlement du comté de Bourgogne doit sa première origine à Philippe le Bel. Il existait au plus tard en 1306, puisqu'un compte de cette année recueilli par Droz, porte en dépense la tenue du Parlement du comté. (Ed. CLERC. *Essai historique sur la Franche-Comté*, t. II, p. 16, note 4.)

« telles servitudes soient ramenées à franchises, et qu'à tous
« ceux qui sont chus ou pourront choir en liens de servitude,
« franchises soient données à bonnes et valables conditions...
« Voulons aussi que les autres seigneurs qui ont hommes de
« corps prennent exemple de nous de les ramener à franchise. »
(DEY. *Condition du peuple au comté de Bourgogne au Moyen-
Age. Bulletin de la Société d'agriculture de la Hte-Saône*, 1870,
p. 237).

Dans la Franche-Comté, les grands vassaux n'avaient pas
attendu ces bons conseils. La maison de Chalon avait donné des
lettres de franchise à Auxonne en 1229, à Salins en 1247, puis
bientôt à Ornans et à Rochefort. Trente chartes communales,
presque toutes émanées des seigneurs de la même race, furent
octroyées dans le XIIIe siècle.

Le comte Othon IV, petit-fils de Jean de Châlon, qui avait
signé les franchises d'Auxonne et de Salins, avait érigé la commune d'Arbois en 1282, de Poligny en 1288, et un peu plus tard
celle de Quingey.

Montmorot (1287), et un des faubourgs de Lons-le-Saunier
(1293) avaient été affranchis par Hugues do Vienne. L'autre
bourg (1293), ainsi que Montbéliard (1283) et Belfort (1306), du-
rent leur liberté à Regnaud de Bourgogne, frère du comte Othon
et, comme lui, petit-fils de Jean de Châlon (Ed. CLERC. *Essais sur
l'Histoire de la Franche-Comté*, t. I, p. 512).

Mais il ne faut pas confondre les lettres de franchise, données
aux villes ou aux bourgs, avec l'affranchissement de la mainmorte accordé aux serfs attachés à la terre.

Au mois de décembre 1291, la ville de Luxeuil reçut une
charte de commune de l'abbé Thibaud de Faucogney, et les
mainmortables de l'abbaye n'étaient pas affranchis à la Révolution.

Les bourgeois ou habitants des villes et des bourgs étaient
francs ; et les lettres de franchise, chartes de communes n'étaient
pas autre chose que la reconnaissance de leurs droits, contre
l'engagement de payer certains impôts.

Le mainmortable mit plus de temps à obtenir son émancipa-
tion. Peut-être faut-il en chercher la cause dans la possibilité
qu'il avait de s'affranchir à son gré, et qui était en somme un

progrès immense sur son état primitif. Peut-être aussi en trouverait-on le motif dans la patience dont le paysan a toujours fait preuve à toutes les époques.

III

QU'EST-CE QUE LA MAINMORTE, ET QUELLE ÉTAIT SON ORIGINE ?

La mainmorte est évidemment un reste de l'esclavage : elle a pris naissance quand l'esclavage a disparu.

Lors de la conquête des Gaules par les Romains, les druides et les grands se partageaient la puissance publique. Le peuple vivait, gémissant sous le poids des dettes et des impôts, et subissait les vexations des autres classes.

La plupart des familles se plaçaient sous la domination et dans la dépendance de quelque grand seigneur, dont elles étaient, pour ainsi dire, les esclaves.

C'est ce que César a dit : « *In omniâ Galliâ, plebs, pene servo* « *rum habetur loco ; et plerique, cum aut aere alieno, aut multi-* « *tudinem tributorum aut injuriâ potentiorum, premuntur ; sese* « *in servitutem nobilibus dicant.* (CœSAR. *De Bello Gallico,* liv. « VI.) »

Le génie colonisateur du peuple romain appropria la Gaule à ses lois, et l'esclavage y fut introduit.

« Les esclaves étaient alors une des principales richesses des « particuliers : on leur faisait apprendre des arts et des métiers « qu'ils exerçaient au profit de leurs maîtres. Il n'y avait point « d'autres domestiques dans la ville, et ils cultivaient la terre à « la campagne. Mais pour se délivrer du soin de veiller sur leur « conduite et de l'embarras de leur faire rendre compte, les « maîtres se contentèrent des sommes et des denrées dont ils « convenaient avec eux ; ce qui les engageait aussi à cultiver « avec plus d'ardeur les fonds qu'on leur avait laissés, parce « qu'ils en tiraient plus de profits. » (DUNOD. *Traité des Prescriptions,* III, chap. IX, p. 383).

C'était aussi, d'après Tacite, les habitudes des Germains : « Ils « ne se servent pas d'esclaves, comme nous faisons, à divers « emplois dans la famille. Chacun a sa maison et ses pénates. Le « maître se fait payer tous les ans une certaine quantité de blé,

« de bétail ou d'étoffe, et l'esclave n'est pas tenu au-delà. (*De* « *moribus Germanorum*). »

Les Bourguignons n'étaient plus barbares et avaient embrassé la religion chrétienne ; ils n'arrivaient pas en vainqueurs, mais par suite d'une convention qui leur assurait les deux tiers des terres et le tiers des esclaves. Ils vécurent avec les Gallo-Romains sur le pied de la plus parfaite égalité, et lorsque leur roi Gondebaud, devenu législateur, publia ses lois, il établit cette égalité d'une façon absolue : « Nous voulons que la condition du « Bourguignon soit la même ? » (*Lex Burgund*, titre XV, dans le *Recueil des Lois anciennes*. Francfort, 1613).

Cette égalité était même poussée si loin, que le Bourguignon qui, pour se débarrasser d'un étranger demandant l'hospitalité, lui indiquait la maison d'un Romain, était puni d'une amende de trois sous (*Ibid.*)

Acceptant les usages établis, les Bourguignons conservèrent les esclaves, et laissèrent même leurs terres aux anciens habitants, à la condition qu'ils paieraient une rente ou cens, comme faisaient les esclaves d'origine.

C'est de là que vinrent les serfs désignés sous le nom de adscriptices, censites, tributaires. (DUNOD. *Traité des Prescriptions,* p. 382).

« Quoique la religion ait éteint l'esclavage parmi les chrétiens, « ce n'a été qu'insensiblement et par une longue suite de siècles. « On se relâcha peu à peu du droit de servitude, mais ce ne fut « qu'au XIIIe siècle qu'on cessa de vendre les esclaves. » (DUNOD, *Traité des Prescriptions,* p. 386).

« Le père Daniel, dans son *Histoire de France,* nous dit qu'en « 1315, presque dans tout le royaume, les habitants de la campa- « gne et de plusieurs petites villes étaient demeurés dans la ser- « vitude, qu'ils étaient gens de *mainmorte* et de *pouette* (potes- « tas), c'est-à-dire sous la puissance de leur seigneur, qu'ils « étaient attachés à la terre où ils étaient nés, et que ni eux ni « leurs enfants n'en pouvaient point sortir ; qu'ils ne pouvaient « se marier ailleurs sans encourir de peine, etc. » (*Id.*, p. 386). « L'affranchissement de ces mainmortables fut regardé comme « une ressource aux besoins de l'État. Philippe le Bel l'avait em- « ployée en 1302 pour le bailliage de Caen. Louis X le Hutin, son

« fils, donna, en 1315, à tous les mainmortables de son domaine
« de s'affranchir moyennant finances. Plusieurs grands-vassaux
« en ont usé de même. » (*Ibid.*, p. 386).

Mais les souverains du comté de Bourgogne les avaient pré-
cédés dans cette voie. Golut, dans les *Mémoires de la Franche-
Comté*, dit que « Renaud II (1), qui mourut en 1144, et qui était
« comte de Bourgogne, affranchit les mainmortables de ses terres.
« La plupart des seigneurs laïques ont suivi son exemple ; aussi
« le droit de mainmorte n'est pas parmi nous de coutume géné-
« rale, et le seigneur qui le prétend doit le prouver par titre
« ou par possession. » (*Ibid.*, p. 387).

A la maxime des autres provinces : « nulle terre sans seigneur »,
on opposait en Franche-Comté : « Nul seigneur sans titre. »

La qualification de mainmortable ne paraît pas antérieure au
XIIIe siècle. Je l'ai déjà dit, la mainmorte était évidemment un
reste de l'esclavage dont elle était une transformation.

Elle affectait les personnes et les biens : elle était par conséquent personnelle et réelle (de *res*, chose). La mainmorte réelle
existait dans toutes les provinces. La mainmorte personnelle a
persisté seulement dans le comté de Bourgogne.

Le titre IX de la coutume du duché est ainsi conçu : « Au
« duché de Bourgogne, il n'y a nul homme serf de corps. »

Et dans les notes de M. de La Mare, il est dit : « Ce n'est pas
« seulement dans le duché de Bourgogne qu'il n'y a point de serf
« de corps, mais dans tout le royaume. »

« Le nom de mainmorte, dit Dunod, vient de ce que le main-
« mortable ne peut aliéner son héritage de mainmorte sans le con-
« sentement du seigneur, et que, faisant *eschute* à ce dernier de
« tous ses biens lorsqu'il meurt sans communiers, sa main qui est
« l'instrument du travail et du profit, est morte pour lui par
« avance, puisqu'elle ne lui produit pas des choses dont il puisse
« disposer librement. C'est à peu près dans ce sens, que nous
« appelons gens de mainmorte les gens d'églises, collèges et
« communautés, qui n'ont pas la liberté de leurs biens et de les
« faire passer à des héritiers. »

---

(1) Père de Béatrix, mariée à l'empereur Frédéric Barberousse.

IV

Le mainmortable habitait *un meix* comprenant une maison avec son jardin, son verger et des terres, prés, vignes suffisants pour une famille. Ce meix avait été concédé par les seigneurs au mainmortable ou à ses ancêtres, par bail emphytéotique, à charge de certaines redevances et sous certaines conditions ou réserves.

Le mainmortable avait la jouissance pour lui et les siens, tant qu'ils vivaient en commun. Il avait même la faculté de laisser ses biens à d'autres héritiers, à la condition qu'ils fussent communiers, c'est-à-dire vivant sous le même toit et au même feu. En dehors de ces conditions, le meix, comprenant la maison avec ses meubles (1), les champs, prés, vignes, *retournait par droit d'eschute* au seigneur qui pouvait en disposer de nouveau et à son gré. Et, par un rapprochement avec l'esclavage, les autres biens du mainmortable servaient de garantie à son seigneur qui héritait de lui, à défaut de parents communiers.

Cela peut paraître extraordinaire aujourd'hui, mais c'était un effet de la féodalité. Avec les barrières qui existaient entre les provinces et même les simples seigneuries, cette restriction avait pour but de conserver l'intégrité des domaines et de laisser le seigneur maître chez lui. On voulait empêcher ainsi les complications et les troubles inévitables, si un mainmortable d'une seigneurie quelconque avait pu venir hériter sans conteste dans une terre voisine.

C'était pour le même motif qu'avaient été institués le retrait féodal et le retrait lignagier, c'est-à-dire la possibilité, par le seigneur ou un parent, de revendiquer une propriété en remboursant à l'acquéreur son prix d'achat.

✕

Mon intention n'étant pas de faire un traité complet sur la mainmorte, je m'arrêterai ici, en renvoyant aux ouvrages spéciaux. Je vais m'occuper maintenant de faire un rapprochement entre le cultivateur tel qu'il vivait il y a quelque cinquante ans, et le mainmortable tel que le montrent les documents que j'ai cités, et d'autres que je rapporterai tout à l'heure.

---

(1) Rien d'étonnant alors que le mainmortable quittant volontairement son seigneur, fut obligé de laisser une partie du mobilier, puisqu'il l'avait reçu à son entrée dans la maison.

V

Dans la première moitié du XIX⁰ siècle, les cultivateurs étaient, pour la plupart, de simples fermiers payant *rentaire* et vivant avec leur famille, souvent depuis de longues années, sur des terres que le propriétaire ou *bourgeois* pouvait leur retirer après chaque période stipulée dans le bail. Le propriétaire pouvait, en outre, élever le prix du bail et augmenter les charges accessoires. Le fermier était donc à la merci du maître qui trouvait facilement des postulants pour remplacer l'occupant.

Le mainmortable, au contraire, avait reçu, par bail emphytéotique, des biens dont il pouvait se considérer comme propriétaire, et qui étaient réellement sa propriété et celle de ses enfants, ou de ses parents ou héritiers directs, vivant en commun avec lui.

L'amélioration qu'il avait apportée dans son meix ne pouvait donc profiter qu'à lui et aux siens ; tandis que l'amélioration obtenue par le fermier pouvait lui causer une augmentation du prix du fermage, de la part du propriétaire, sollicité par un fermier voisin offrant un prix supérieur.

Si le mainmortable donnait, pour ainsi dire, comme garantie ses biens francs, quand il en avait, cela l'empêchait d'améliorer ces biens au détriment du meix de mainmorte. D'un autre côté, ses biens du fermier ne servaient-ils pas de garantie au propriétaire qui, sans cela, ne lui eut pas relaissé la ferme ?

×

Pour compléter le parallèle, il faut comparer les redevances du mainmortable avec les charges du fermier.

Le seigneur représentait en même temps le pouvoir central et le propriétaire. Le mainmortable lui devait une certaine quantité de redevances en argent, en nature, en travail, sous le nom de poule à carnaval, corvée, taille, dixme, sans compter les droits de lods (1) et vente, quand il achetait ou échangeait des terres, etc.

On retrouve l'équivalent dans les impôts qui se paient aujourd'hui ; seulement on les paie dans les bureaux du percepteur, du receveur de l'enregistrement, de l'employé des contributions indirectes, au lieu de les payer au seigneur. Tels sont : la cote per-

---

(1) Lods, de *laudare*, approuver.

sonnelle et mobilière, l'impôt foncier, le droit d'enregistrement, le poinçonnage des poids et mesures, etc.

$\times$

J'arrive à la poule de carnaval, aux corvées, aux tailles.

On a vu que les frères Berthin, de Renève, en s'avouant sujets du duc, s'engageaient à payer un sou de cens annuel. C'était l'impôt personnel ; et à la rigueur, la poule payée à Carnaval par chaque feu mainmortable pourrait être considérée comme l'équivalent ; d'autant plus que, dans certains actes d'affranchissement de cette époque, la poule est remplacée par un sou.

Mais le fermier qui payait sa cote personnelle et mobilière payait aussi la poule. Dans le plus grand nombre des baux, on trouvera un ou plusieurs chapons, des oies, des dindons à porter aux propriétaires à la Toussaint, à Noël, à Pâques.

$\times$

Les corvées étaient analogues aux prestations. Elles ont été réservées, de nos jours, à l'entretien des routes ou aux travaux utiles à tous.

Elles servaient, jadis, à la culture et à la récolte des terres que le seigneur avait conservées en propre.

Elles consistaient en trois journées de travail, à peu près comme aujourd'hui.

Ceux qui avaient bêtes *trahantes*, chariot et charrue, devaient leurs journées pour la semaille de blé, d'avoine et les récoltes ; les autres devaient corvées de bras pour la rentrée des foins, la moisson et la vendange, ou *ouvrage de leur métier.*

Toujours les corvéables étaient nourris par le seigneur.

Par l'acte d'affranchissement de Montot, conservé aux archives de la commune, les corvées sont rachetées moyennant 20 *sols*, c'est-à-dire 6 *sols* 8 deniers par jour.

Les trois journées de corvée ne suffisaient pas pour cultiver la terre et rentrer les récoltes ; les corvéables devenaient alors hommes de journée, et étaient payés à la tâche ou à la journée. Lors de la main-mise, établie en 1346 par le duc de Bourgogne, Eudes IV, sur la terre et le château de Beaujeux, des comptes minutieux et détaillés furent tenus par le châtelain. Ils établissent la différence entre les journées des hommes qui ont travaillé de corvée, et sont simplement nourris, et la journée des ouvriers qui sont payés et nourris :

« Item, pour un Chapuis (charpentier) et trois aides qui redrecièrent les bars (barrières) qui estoient cheois (tombées) es fossés du château, pour iv journées, la journée du Chapuis à ix deniers et la journée des aides à vii deniers..... valent ....   x sols.

« Item, pour les despens de boiche (bouche) de Jean de Quitteurs Chapuis et de son valet qui ouvrerent (travaillèrent) *de corvée* avec les dessus dits (par conséquent quatre jours de nourriture seulement)........   ii sols vi deniers.

« Item, pour les despens de vin faiz au chastel de Beauljeux pour Jehan de Quitteure (1) Chapuis et pour le Tielley (tuilier) qui *ovrent de courvée* au dit chasteaul *pour leur mestier*...

« Item, pour faire les vignes de la barre et de la plante et la vigne que lon dit la vigne de Sauveigney, marché fait en taiche (tâche) au Mayrot de Vereul (2) et à Vautrot d'Estaule (3).....................................   xxi sols.

« Item, pour dix hommes qui ont taillé toutes les dites vignes, la journée de l'ovrier vii deniers................... valent ....   xiiii sols ii deniers.

« Item, pour fessouier (4) dou premier coup les dites vignes xviii xx et xiii (373) ovriers, la journée de l'ovrier à vii deniers valent.........................   xi livres xiii ° i denier.

« Item, pour soyer ii soytures (5) de prey qui furent de demorant à soyer au prey de Neufville et le *reste avoit été lors soyé de corvée*, et contient ledit prey vii soytures............. valent...........................   iii sols ix deniers.

« Item, pour les despens de pain de viii soitours *qui ont soyé de corvée* le pré de Neuf-ville contenant vii soytures.... i penaut

---

(1) Village voisin de Beaujeux duquel il dépendait.
(2) Canton de Dampierre-sur-Salon, Haute-Saône.
(3) Hameau de Beaujeux.
(4) Fessouier, c'est-à-dire labourer, travailler au *fossoir*, creuser. Le mot *fessou* est encore employé dans certains villages.
(5) On dit encore soyture, pour faux de pré, dans quelques localités.

(20 livres) ». (ARCHIVES DU DOUBS, B 125. *Parchemin roulé de 7 mètres 80 de longueur en sept fragments collés ensemble*).

×

La taille représentait, il ne faut pas l'oublier, le fermage et l'impôt foncier en même temps.

Sans doute, elle a pu être arbitraire et donner lieu à des abus ; mais si, dans les dénombrements accompagnant les reprises de fief (1), les serfs sont déclarés quelquefois taillables haut et bas, et corvéables à merci, c'était sans doute une vieille formule, reste de l'esclavage ; et on vient de voir ce qu'il en était pour les corvées réduites à 3 journées de travail, pendant lesquelles le seigneur nourrissait ses hommes.

Il faut bien admettre que les seigneurs avaient intérêt à ménager leurs sujets, pour les conserver et les empêcher d'émigrer dans les domaines voisins, ou de se donner au souverain. Ce n'est pas non plus en réduisant les mainmortables à la plus affreuse misère, qu'on pouvait compter sur le produit des tailles et voir les meix se peupler.

Le plus ordinairement, les tailles étaient abonnées, c'est-à-dire fixées d'un commun accord à un chiffre déterminé, invariable, et qui était loin d'être exagéré, comme on va le voir.

Le 11 février 1591, Marc de Beaujeu, seigneur de Montot, descendant de Pierre de Beaujeu, dont il a été parlé, faisait un traité avec les habitants de Montot pour l'abonnement de la taille, moyennant quatre-vingt-dix-huit livres. (ARCH. DU DOUBS, B : 190 ancien. *Inventaire du château de St-Remy*). (2)

---

(1) A chaque changement ou mutation, par achat, échange ou héritage, le nouveau propriétaire devait, sous peine de saisie, ou même de confiscation, faire l'*aveu* ou la *reprise* de son fief ; c'est-à-dire déclarer qu'il *relevait* ou dépendait du souverain, ou d'un autre seigneur dont il était l'arrière-vassal.

Les fiefs du ressort de Gray étaient de la *mouvance* du comte de Bourgogne, à cause de son château de Gray.

Dans les *quarante jours* qui suivaient la reprise du fief, le vassal était tenu de donner le détail, ou *dénombrement*, de tous les droits et revenus de son fief ; car c'était d'après ce dénombrement qu'il était imposé à certaines charges, comme le service militaire du ban et de l'arrière-ban, ainsi qu'on le verra plus tard.

(2) Saint-Remy, canton d'Amance, arrondissement de Vesoul, (Haute-Saône).

Un inventaire du mobilier et des titres et papiers fut fait au château, pour les de Broglie, à la Révolution. Le prince Victor de Broglie avait épousé Sophie de Roze, héritière du château et de la seigneurie de Saint-Remy. Elle descendait des Vaudrey par sa mère, Octavie de Vaudrey, fille de Nicolas-Joseph de Vaudrey, baron de Saint-Remy, seigneur de Montot, Achey, etc., et de Charlotte de Rotembourg. Nicolas-Joseph de Vaudrey était issu du mariage d'Antoine de Vaudrey et d'Adrienne de

Une reconnaissance des habitants de Montot, du 13 février 1646, à Ardouin Gaspard de Beaujeu, fils de Marc, porte le même chiffre de 98 livres, malgré l'augmentation du prix de toute chose, du grain et des journées d'ouvriers en particulier.

Quinze ans plus tard, le traité d'affranchissement de Montot, du 15 février 1661, fixe la taille à deux sous par journal de champ et de vigne, et quatre sous par journal de pré.

Veut-on savoir quel est le total de l'impôt foncier *seul*, à Montot, pour 1896?... 2.879 francs, sur un territoire de 984 hectares, dont 167 en bois.

Cela fait, en chiffres ronds, 3 francs par hectare, ou 1 fr. par journal, pour l'impôt seul ; *et la taille comprenait l'impôt et le rendage.*

On a vu tout à l'heure que l'acte d'affranchissement de Montot, qui fixait la taille à deux sous par journal, rachetait la corvée pour 6 sols 8 deniers par journée (1). *L'impôt de la terre et son revenu étaient donc, par journal, moins que le tiers d'une journée de travail d'un ouvrier de bras.*

D'après la coutume de Bourgogne, rédigée sous le duc Philippe le Bon, en 1459, la location d'un journal de terre était estimée dix sous. Mais, de 1459 à 1661, la valeur des denrées avait plus que doublé, et en mettant le prix d'un journal de terre à vingt sous, on serait certainement au-dessous de la vérité. Le mainmortable qui rendait deux sous par journal ne payait donc que le dixième du prix de location.

Et comme les conventions arrêtées dans l'acte d'affranchisse-

---

Beaujeu, sœur d'Edme-Louis-Nicolas de Beaujeu, seigneur de Montot, dernier de sa branche, et qui mourut sans enfants en 1721. Il avait institué, pour son héritier, son neveu, Nicolas-Joseph de Vaudrey : c'est ainsi que les papiers de cette branche de Beaujeu se trouvaient à Saint-Remy. (Voir DUNOD. *Nobiliaire*).

(1) Le prix de la journée d'un ouvrier était de 7 deniers en 1346 ; elle est de 6 sous 8 deniers en 1661, ce qui fait une augmentation considérable : douze fois plus. Le prix du grain n'avait pas suivi cette proportion.

En 1346, le châtelain de Beaujeu achète un bichet et un penaut, soit 5 penaulx ou 100 livres d'avoine pour semer...... viii sols iiii deniers.

Ces viii sols iiii deniers qui faisaient juste 100 deniers, mettaient le prix de la mesure de 40 livres à 40 deniers ou 3 sous 4 deniers.

La mesure d'avoine valait environ 8 sous en 1661, soit un peu plus du double. Dans l'inventaire de Montot, en 1721, la mesure de blé valait 15 ou 25 ' suivant qualité. D'après une proportion constante, le seigle valait un quart en moins, soit 16 ', et l'avoine moitié, soit dix sous.

L'avoine avait donc triplé de 1346 à 1720, et simplement doublé en 1661, alors que la journée d'ouvrier se payait douze fois plus.

ment persistèrent, et que dans l'inventaire qui fut fait en 1721, après la mort d'Edme Louis de Beaujeu, seigneur de Montot, le prix d'une mesure de blé était de 15 à 25 sous, soit en moyenne 1 franc, il en résulte que les sujets *alors libres* de Montot payaient le dixième d'une mesure de blé par journal de terre *devenu leur propriété*, puisque le droit d'eschute était supprimé (1).

Le cultivateur d'il y a 50 ou 60 ans rendait 7 à 8 *paires* par hectare, c'est-à-dire un journal planté en blé, un en avoine et un journal en jachère. Le *paire* comprenait *une mesure* (2) de blé et une d'avoine, et le prix en était en moyenne de 7 à 8 fr., ce qui faisait 50 ou 60 fr. par hectare, ou 18 à 20 fr. par journal : soit presque 3 mesures de blé et 3 d'avoine, au lieu du dixième d'une mesure, c'est-à-dire presque soixante fois plus.

On doit comprendre facilement maintenant que la principale source de revenus du seigneur était dans le produit de ses terres, prés, vignes, qu'il faisait cultiver ou qu'il mettait à ferme, et non dans les redevances de ses sujets.

Je vais essayer de le démontrer par un exemple.

Montot rapportait à Hardouin Gaspard de Beaujeu, quinze cents francs, d'après le ban original enregistré à la Chambre des Comptes de Dôle, en 1629. (*Labbey de Billy*, t. II, p. 150).

La taille était abonnée à 98 livres depuis 1591...... 98 livres.

La poule de carnaval ne représentait pas pour 48 feux... 5 livres.

Les corvées étaient converties en argent à raison de 1 franc, soit pour 48 feux .... 48 livres.

Le four produisait une miche pour 20. Chacun des 250 habitants pouvait consommer, enfants compris, 2 livres par jour ; ce qui donne 730 livres. Pour les 250 habitants, le four cuisait donc 730 × 250, ou 182.500 livres, dont le 20ᵉ, pour le seigneur, était de 9.125 livres.

La mesure de blé se vendait dix sous ; cela met la livre de pain à 3 deniers, soit pour 9.125 livres, 27.375 deniers qui, divisés par 12 = 2.281 sous, ou 114 fr. 1 sou. Mais il fallait

---

(1) L'acte d'affranchissement supprimait le droit d'eschute, c'est-à-dire le retour au seigneur ; il permettait aux habitants de Montot de vendre, aliéner sans permission du seigneur. Les terres devenaient donc et sont restées leur proprieté, moyennant ces deux sous de cens ou rente annuelle.

(2) La mesure de Gray représentait 27 litres et pesait en blé 40 livres.

fournir le bois, faire les réparations et payer le fournier; de sorte que le produit du four devait être réduit à 50 francs au plus.

En veut-on la preuve?

Dans les archives du village de Montot se trouve, en date du 27 février 1721, l'amodiation du four par le seigneur aux habitants eux-mêmes, pour une mesure et demie de blé par habitant ayant même deux charrues, une mesure par manouvrier, et une demi-mesure par veuve « La mesure sera la mesure de Gray, et le grain sera *marchand, bien vanné, bien conditionné.* » La demi-mesure imposée en plus aux cultivateurs compensant celle payée en moins par les veuves, on a 50 mesures de blé pour les 50 chefs de famille; et à raison de 20 sous, moyenne donnée pour le prix du blé inventorié au château la même année, après le décès d'Edme Nicolas-Louis de Beaujeu,

Les 50 mesures de blé représentent donc 50 fr...... 50 livres.

Le moulin ne donnait qu'une coupe pour 24, c'est-à-dire un cinquième en moins que le four, soit............... 40 livres.

La pêche de la rivière pouvait fournir au plus...... 5 livres.

(celle d'Achey (1) était louée vingt sous en 1610).

Il reste à ajouter le produit des amendes, des droits de *lods* et vente et des dixmes.

VII

On a dit souvent que les amendes étaient une source importante de revenus pour la noblesse. Nous allons voir qu'il était loin d'en être ainsi.

Les seigneurs avaient été chargés primitivement de la justice dans leurs terres. Ils l'avaient bientôt rendue héréditaire, après l'avoir exercée d'abord comme délégués du pouvoir souverain.

La justice se divisait en haute, moyenne et basse.

La haute justice donnait le droit de connaître de toutes les affaires civiles et criminelles, *même de celles entraînant la peine capitale.* Le signe de la haute justice était un poteau, ou gibet, à deux, trois ou quatre piliers (2), placé sur un endroit élevé, appelé encore de nos jours : *les fourches, la justice,* etc.

______

(1) Canton de Dampierre-sur-Salon. Village voisin de Montot.

(2) Ce gibet, appelé communément le signe patibulaire, était à deux piliers pour la haute justice, sans autre titre. Celui du baron était à quatre piliers. Les seigneuries à château, qui relevaient du roi, avaient un gibet à trois piliers. (DUNOD. *Obs. sur la coutume,* p. 8).

La moyenne justice comportait le droit de juger les causes criminelles n'entraînant pas une peine corporelle, mais seulement l'exposition *au pilori* (1), *au carcan*. Elle instruisait les causes civiles, réelles et personnelles, donnait des tuteurs et curateurs, apposait les scellés, faisait les inventaires, réglait et poinçonnait les poids et mesures, etc...

La basse justice s'occupait des délits qui n'étaient punissables que de l'amende, variant le plus ordinairement de trois à soixante sols. Elle faisait aussi les enquêtes sur les causes civiles et personnelles pour les juges supérieurs, comme les juges de paix le font aujourd'hui.

Il n'y avait dans chaque seigneurie qu'un *haut-justicier* ; mais il pouvait y avoir plusieurs seigneurs possédant, chacun sur ses hommes, la moyenne et la basse justice. Dans ce dernier cas, sans doute pour éviter les conflits, les *jours* étaient ordinairement communs.

Je pourrais en citer plusieurs exemples. En voici un qui m'a paru des plus curieux, à beaucoup de points de vue.

Dans l'information qui fut faite, en 1444, pour fixer les limites des deux Bourgogne, on entendit les individus les plus âgés des environs. Leur déposition renferme la manière de rendre la justice à Aumônières (2).

C'est d'abord « le Mynettet que l'on disait avoir lorsqu'il trépassa VI ^{XX} (120) ans et plus » ;

Le Chaussenet n'a que C et X (110) ans ;

Gobillon a VI ^{XX} et X (130) ans ;

Janot a VI^{XX} (120) ans ;

il déclare... « à la foire de la Madeleine (22 juillet) qui est la
« foire d'Aulmoniéres, les prévosts de Fouvans et de Cham-
« plitte, tenaient leurs jours et juridiction à la manière qui

---

(1) Le pilori était un pilier simple ou tournant, auquel était fixé un cercle de fer appelé carcan, destiné à recevoir le cou du condamné. On y mettait entr'autres les blasphémateurs, les voleurs pris dans les jardins et vignes et qui ne pouvaient payer l'amende. Pour ce dernier cas, l'exposition était de huit heures. (DUNOD, p. 82). Cela remplaçait la prison pour dettes et la contrainte par corps.

(2) Aumônières, dépendance de Pierrecourt, canton de Champlitte, arrondissement de Gray (Hte-Saône), sur la voie romaine de Langres à Besançon. Il y avait un hôpital fondé au XIIe siècle par les religieux de Saint Antoine de Vienne. Au XVIIIe siècle, Aumônières fut cédé aux Chevaliers de Malte, qui l'ont possédé jusqu'à la Révolution.

« s'en suit ; c'est assavoir que l'on met grands bans au tra-
« vers du grand chemin eslevey qui passe par ledit Aulmo-
« nières, sur lesquels bans s'assieint les prévosts, celui de
« Fouvans de la partie de l'Eglise et de la demourance du
« commandeur et des religieux, *au lieu qu'il a toujours ouï*
« *dire être du royaume ;* et celui dudit Champlitte, à la partie
« devers ledit hôpital et Maison-Dieu, où sont les malades
« et les pauvres, *comme du comté de Bourgogne ;* Et ont chaque
« prévost leur sergent qui font leurs exploits chascun à sa
« juridiction, et usent lors des mesures de vins, de graines et
« d'aulne ; c'est assavoir de celles de Fouvans à la partie où
« sied le prévost d'illec, et celles de Champlitte en la partie
« où sied le prévost de Champlitte et doit ledit commandeur
« audit prévost de Champlitte pour ses étrennes du jour de
« l'an chascun an XXXII gros et ses sergents IVgros » etc. ;
(le gros valant 20 deniers, c'est 640 deniers ou 53 sous 4 deniers
pour le prévost, et 6 sous 8 deniers pour les sergents).. (ARCHIVES
DE LA CÔTE D'OR, B 260 f° 200. *Recueil de* PEINCEDÉ, t. ii, p. 839).

Dans les premiers temps de la féodalité, les seigneurs ren-
daient eux-mêmes la justice.

Le seigneur *haut-justicier* s'installait sur la place publique,
sous de grands arbres, ordinairement des ormes, plantés à cet
effet ; et, comme Saint-Louis au bois de Vincennes, il entendait
les plaintes de ses sujets.

C'était la coutume qui voulait que la justice fût rendue à la
face du ciel.

Les seigneurs, absorbés par leurs devoirs féodaux, souvent
absents de la province pour le service du prince, chargèrent
leurs châtelains, leurs prévosts, de rendre la justice à leur place.
Plus tard, ils instituèrent des juges, hommes de loi du présidial
voisin, qui se déplaçaient pour la circonstance et étaient assistés
d'un procureur, d'un greffier et d'un sergent. Ce dernier, chargé
en même temps de la police dans la seigneurie et de la signification des sentences, portait, comme insigne de ses fonctions,
une baguette blanche, ordinairement de coudrier (1).

---

(1) On vient de rendre aux sergents de ville de Paris, la baguette de leurs devan-
ciers, que portent aussi les *policemen* de Londres.

La haute justice continua à être rendue en place publique ; mais les moyenne et basse justices *tenaient leurs jours sous lattes*, c'est-à-dire dans un *endroit couvert*, qui était naturellement la halle. A défaut de halle, c'était le treuil ou pressoir, le four, ou tout autre lieu accessible au public.

« Les seigneurs devaient rendre ou faire rendre la justice dans « leurs terres aux jours accoutumés (1), ou quand la nécessité « l'exigeait, *et à leurs frais*. L'on voit par d'anciens actes qu'ils « relâchaient à leurs officiers *pour leurs appointements* et les « frais de justice dont ils étaient chargés, *les amendes et la con-* « *fiscation* auxquelles ces juges condamnaient. » (Dunod. *Obs. sur la Coutume*, p. 21).

C'était là une habitude déplorable ; et ce devait être pis encore lorsque le produit des amendes était mis en adjudication. « Pré-voté de Gray (24 mars 1350): Compte-rendu par Jean de Bonnay, trésorier du bailliage (2), de l'*amoisenement* (amodiation) de la prévosté de Gray à lui *amoisenée* par Mons. de Ray lours gar-diein de Bourgoigne, pour la somme de VI ^{xx} (120) livres estevenant. » (Archives du Doubs, B. 128).

Dans l'inventaire de Saint-Remy, dont il a déjà été parlé, on trouve, (liasse M, nº 2), deux amodiations : l'une de la mairie (3) (basse justice) de Montot, en 1632 ; l'autre, des défauts et amendes de la justice d'Achey, en 1658.

Mais, si le paysan était pressuré, ce n'était pas le seigneur qui profitait de l'aubaine.

Les amendes étaient de trois à soixante sous, suivant le cas.

Les plus minimes étaient infligées pour les injures, rixes, coups portés sans effusion de sang, etc. ; ce que nous appelons délits de simple police.

Celles de soixante sous punissaient ceux qui avaient produit des blessures avec effusion de sang, ceux qui refusaient de payer les droits seigneuriaux, les marchands vendant sans la permis-

---

(1) Ces jours revenaient deux fois par an : le lendemain de la fête patronale, et à une époque fixe, partageant l'année en deux.

(2) Voir ses comptes. (Archives de la Côte-d'Or. B 1427 ; B 1432, etc).

(3) Le maire était le juge de la basse justice. Il ne faut pas le confondre avec le mayeur (du mot latin *major*), notre maire actuel.

sion ou avec des mesures non poinçonnées par les gens du seigneur.

Il existait des amendes d'une somme supérieure : mais elles étaient rares, et répondaient à certains cas particuliers.

Claude Faivre, de Montot, qui avait coupé deux pieds de chêne *dans les bois du Seigneur*, au canton du Sauvage, fut condamné à 10 livres d'amende, 28 février 1719 (*Inv. de St-Remy*). Le 15 septembre 1503, deux particuliers de Montot, qui avaient volé des raisins dans les vignes, furent gratifiés de 15 livres d'amende. (*Ibid*).

Mais c'était là un cas exceptionnel : et, pour les récoltes, le délinquant était à la merci du juge, qui pouvait condamner au pilori.

Toutes ces amendes ne s'élevaient pas à des sommes bien importantes. On a vu que celles de la prévôté de Gray (1) étaient adjugées au prévôt-trésorier, pour 120 livres, en 1350.

Dans le dénombrement de la terre et seigneurie de Beaujeu, donné le 18 mars 1428 par Bernard de Ray, il déclare que « les « amendes de *messerie* (2) de tout le clos de Beaujeu, peuvent « valoir par commune année six florins (environ 5 livres) ; que les « amendes qui eschiesent par devant le *prévôt* ou juge audit Bel- « jeu, lui peuvent valoir chascun an par commune estimaçion, « l'une des années portant l'autre, 20 livres». Quant au poinçonnage des mesures de vin et de grains « elles produisent *quinze sols* », pour le clos de Beaujeu, qui comprenait Beaujeu, Saint-Vallier, Pierrejux et Quitteur.

Le 24 mars 1605, Paul-François de Beaujeu, gentilhomme ordinaire de la maison du roi, capitaine lieutenant des gendarmes du duc de Mayenne, achète la seigneurie de Villiers-Vineux, village situé entre Tonnerre et Saint-Florentin (Yonne).

Des renseignements complets sont donnés sur les fruits et revenus, qui sont en totalité de 900 livres, dont 600 pour amodia-

---

(1) La Prevôté de Gray comprenait : outre la ville de Gray, les villages qui en dépendaient, comme Gray-la-Ville, Velet, Velesmes. etc.

(2) Les messiers étaient les gardes des moissons (le garde-champêtre). Les amendes de messerie ne dépassaient pas trois sols (DUNOD : *Ob. sur la Coutume*, p. 75).

tion de la portion réservée du seigneur (ARCHIVES DE LA CÔTE-D'OR : E. 73).

Il y a quarante-huit feux, comme à Montot.

Le greffe de la justice est *amodié douze francs*.

Les amendes donnent par commune année *douze francs*.

L'impôt sur les feux (cote personnelle) est fixé à un bichet d'avoine et six deniers. Le bichet représente deux mesures de 40 livres, valant comme il a été dit, environ 6 sous ; ce qui met le bichet à 12 ou 14 sous, et, par conséquent, la cote personnelle à 12 ou 14 sous et 6 deniers.

VIII

Les droits de tabellionnage ou notariés, de lods ou consentement donné aux ventes ou échange, aux mutations après décès, étaient du denier 16 ou du denier 20 ; soit un denier sur 16 ou sur 20 ; c'est-à-dire un sou ou 15 deniers par franc, suivant le cas.

Cela devait produire peu, si on se reporte au prix de la propriété. Le 6 février 1531, Pierre Mugnier de Vereux, vend à Pierre Villote, aussi de Vereux, une demi faulx de pré dans la prairie de Vereux, pour deux francs. Cette demi-faulx de pré était chargée de la cense ou redevance de quatre blancs, ou 20 deniers, (un sou et 8 deniers), envers Nicolas de Mandres, seigneur de Vereux et de Montureux (1).

Le 15 mars 1562, Denys Gras, de Vereux, vend à Ligez Pescheux, vigneron au même lieu, une faulx de pré, lieu dit au Pré-Symonot pour 6 francs (1).

Le 14 décembre 1587, Jean Limasset, de Vereux, vend à Claude Pescheux, une demi-faulx de pré pour 10 francs.

Au siècle suivant, la propriété avait pris une plus grande valeur. Le 27 octobre 1608, Pierre Attalin de Savoyeux, vend à Didier Courtois une pièce de pré, *près du port de Mottey*, contenant 3/4 de faulx, pour 34 francs (1).

Le 17 février 1659, Philippe de la Baume, marquis d'Yenne, seigneur de Beaujeu, etc., cède pour 206 francs, quatorze jour-

____

(1) Pièces de ma collection particulière.

naux, tant champs que prés. Cela met le journal à 15 francs en moyenne ; mais les prés valent le double des champs, de sorte que le journal de champ a dû être vendu 10 francs et la faulx de pré 20 francs (1).

L'ouvrée de vigne se vendait 6 à 10 francs. Le 25 mai 1703, Edme-Louis-Nicolas de Beaujeu, seigneur de Montot, vend à Claude Lecourt quatre ouvrées de vigne pour 30 francs, et convertit cette somme en une rente annuelle ou cens d'une livre douze sous, soit 5 %. (2)

✕

— Mais, dira-t-on, il y avait le produit des dixmes, dixmes de grains, dixmes de vin, dixmes de tout ce qui se récolte, et prélevées à raison d'une gerbe pour quinze, d'une pinte de vin pour quinze, etc.

« La dixme était de précepte dans l'ancien testament, et se
« payait aux lévites par les autres tribus, *parce qu'on ne leur avait*
« *point donné de part dans la division de la terre promise,*
« pour que le soin des affaires temporelles ne les détournât pas
« du culte de la religion, auquel ils devaient être uniquement
« occupés.

« La dixme n'a pas été exigée dans les trois premiers siècles de
« l'Église. Les ecclésiastiques ne vécurent d'abord que des biens
« qui étaient communs entre les fidèles ; mais la charité com-
« mençant à se refroidir, il fallut chercher quelqu'autre moyen
« pour assurer leur subsistance. Le paiement de la dixme sous
« l'ancienne loi en fournissait un qui paraissait naturel ; les
« Saints Pères et les Pasteurs exhortèrent les fidèles à la payer ;
« Les Conciles du quatrième siècle en ordonnèrent le paiement ;
« les Princes en favorisèrent la perception par leurs Édits, et les
« souverains Pontifes en ont porté l'obligation par leurs décréta-
« les, au point où nous le voyons aujourd'hui.

« La prestation de la dixme étant devenue universelle, elle enrichit
« l'Église ; mais elle excita en même temps l'envie et la cupidité
« des laïques. Ils en prirent ou s'en firent donner la plus grande

---

(1) Pièce de ma collection particulière.
(2) Archives du Doubs, B. 190..... ancien.

« partie sans cause ou sous différents prétextes de *protection*, de
« dédommagement des pertes qu'ils avaient faites aux guerres
« contre les infidèles et les hérétiques, etc. (DUNOD: *De la*
« *Dixme*»).

La dixme était, chez les Juifs, de la dixième partie de tous les
fruits : elle a été du cinquième, du quinzième, du vingtième,
suivant les cas et les circonstances.

Les grosses dixmes étaient celles qui se payaient sur le blé, le
seigle, l'orge, l'avoine, le vin. La menue dixme était levée sur les
légumes, herbages et racines. La dixme mixte frappait les
agneaux, la laine ; mais elle était regardée en Franche-Comté
comme insolite (DUNOD, *ib.*, p. 21), tandis qu'elle était commune
dans le duché

« La dixme se *percevait sur les champs*, OU LE CULTIVATEUR LA
« LAISSAIT, après avoir crié trois fois à haute voix et avec quelque intervalle : «*à la dixme* (1) », pour appeler le décimateur
chargé de la recevoir. Mais dans l'acte d'affranchissement de
Montot de 1661, il est dit que la dixme sera payée *à la grange*, où
avant de décharger les gerbes, on devra appeler par trois fois le
décimateur ou l'*amodiateur*.

La dixme de Montot se partageait en deux parties : une moitié
pour le seigneur, et l'autre pour le prieur de Dampierre et le
curé de Montot. Le prieur de Dampierre, qui était provisoirement
chargé du service de la paroisse de Montot, avait conservé deux
tiers de la seconde moitié, laissant l'autre tiers au curé.

Par l'acte d'affranchissement de Montot de 1661, la dixme, qui
se payait à raison de *cinq gerbes par chariot chargé* à volonté,
fut fixée à une gerbe par quinze ; au moyen de quoi, Jean-Claude
de Beaujeu *prit à sa charge la part revenant au curé et au*
prieur de Dampierre.

Le 3 juillet suivant, il relaissait à Valentin Mauclerc de Delain,
le produit des dixmes de Montot, pour 410 mesures, moitié blé,
moitié avoine. *Il avait donc pour lui 205 mesures, moitié blé,*
moitié avoine.

A cette époque, la mesure de blé pouvait valoir douze sous ;
celle du seigle dix sous, celle d'avoine huit sous au plus, selon la

---

(1) DUNOD : *De la Dixme*, p. 24-25.

proportion constante alors entre le prix de ces diverses denrées. Les deux cent cinq mesures, moitié blé, moitié avoine, produisaient donc 102 livres 10 sols.

Or, Marc de Beaujeu, seigneur de Montot, grand-père de Jean-Claude avait en 1606 (1), ajouté aux libéralités de ses prédécesseurs, et transformé en l'église curiale la chapelle du château de Montot.

En élevant le chapelain au grade de curé, il avait porté à 58 francs son traitement, qui était primitivement de *15 francs*. Il avait ajouté neuf journaux de terre, une faulx de pré et quinze ouvrées de vigne, avec une maison comprenant cuisine, poële, jardin et verger, *et qui était dans l'emplacement de la cure actuelle.*

Il faut avouer que la dixme de Montot n'augmentait pas beaucoup les revenus de Marc de Beaujeu et de son petit-fils Jean-Claude.

Quant à celles de Pierrejux, on pourra se demander ce qu'elles devaient être, quand on saura que, d'après le dénombrement de Bernard de Ray pour la terre de Beaujeu, le 18 mars 1428, « les « dixmes de Pierrejux se payaient à la volonté et conscience des « bonnes gens qui les devaient » (Doubs, B. 634).

Il faut dire que c'est probablement un exemple unique !

Si l'on veut bien récapituler :

La Taille.	98 livres
La Poule de carnaval	5 »
Les Corvées.	48 »
Le Four	50 »
Le Moulin	40 »
La Pêche de la rivière	5 »
Les Amendes	50 »
Poinçonnage des mesures et poids . . .	5 »
Droits de lods, ventes et successions . .	50 »
Dixme dont il faudrait retrancher le traitement du curé	102 » 10 s.
On aura un total de. .	453 livres 10 s.

Peut-être pourrait-on ajouter quelques cens en argent et en

---

cire qui se traduisaient par quelques francs à peine. Mais tout cela *majoré* n'arriverait pas à donner le chiffre *rond* de cinq cents francs (1), c'est-à-dire le tiers du revenu. Le reste était fourni par les terres, prés, vignes, récoltés par le seigneur ou mis à ferme.

L'inventaire fait au château de Montot au mois de septembre 1721, après la mort d'Edme-Louis-Nicolas comte de Beaujeu, donne exactement les produits de la terre de Montot, puisqu'il venait immédiatement après la récolte (ARCHIVES DE LA HAUTE-SAÔNE, B. 1835).

On y trouve :

525 mesures de blé valant de 15 à 25 sous, selon qualité	525	livres
30 mesures d'orge, à 12 sous.	18	»
297 mesures d'avoine, à 10 sous. . . .	148	» 10 sols
2490 gerbes de blé, à *douze gerbes pour une mesure*, ce qui mettait la gerbe à 1 sou et demi, le prix de la mesure étant de 20 sous	207	»
325 gerbes d'orge, *à 6 gerbes la mesure*, soit 2 sous la gerbe	32	» 10 sols
1774 gerbes d'avoine, *à cinq gerbes la mesure* de 10 sous	177	» 8 sols
92 milliers de foin à 5 fr. le millier. . .	460	»
91 tonneaux de vin, à 8 francs le muid de 2 tonneaux.	364	»
Total	1932	livres 8 sols.

Qu'on veuille bien considérer d'abord que dans cette somme figurent les dixmes perçues au moment de la récolte. D'un autre côté, de 1629, année où la terre de Montot produisait 1500 fr., à 1721, il y a 92 ans, et le prix des choses a augmenté d'un tiers au moins. Cela ramène le chiffre de 1932 à 1288, et ensuite à 1083, si

---

(1) Il serait curieux de comparer ce chiffre, comprenant toutes les charges des habitants de Montot, avec les sommes versées, il y a 50 ans, au percepteur, aux receveurs de l'enregistrement et des contributions indirec'es, pour les impôts, les droits d'enregistrement, les droits de succession, etc., en un mot, tout ce qui est perçu par le *fisc* ou trésor public au lieu et place du seigneur. J'ai dit que l'impôt foncier seul, pour 1896 était de 2879 francs.

on retranche les 205 livres pour la portion des dixmes revenant au prieur de Dampierre et au curé de Montot.

Avec les 453 livres 10 sols que j'ai obtenus en majorant la redevance des hommes de Montot, on a 1537 livres, soit en chiffre rond les 1.500 francs portés pour le ban de 1629.

Cette proportion du tiers des revenus d'une seigneurie fournis par les habitants, et les deux autres tiers produits par le domaine particulier du seigneur, se retrouve souvent. Sans être une règle absolue, elle devait être à peu près l'état normal.

On a vu plus haut, qu'elle existait dans la terre de Villiers-Vineux au bailliage de Saint Florentin, achetée en 1605, par Paul-François de Beaujeu.

<h2 style="text-align:center">IX</h2>

<h3 style="text-align:center">Du Service militaire au Moyen-Age, et plus particulièrement dans le Comté de Bourgogne</h3>

Il est un point de vue sous lequel la condition des personnes au Moyen-Age n'a pas été étudié souvent, c'est celui du service militaire.

Il y a cinquante ans, avec la facilité du remplacement, cette obligation pesait lourdement sur les campagnes, qui fournissaient la plus grande partie de l'armée.

Au Moyen-Age, au contraire, le service militaire n'existait que pour le gentilhomme et le bourgeois.

Cependant, à cette époque, la guerre consistait, le plus souvent, à piller les villages et à dévaster les terres de son adversaire, quand on ne pouvait le faire prisonnier par surprise, pour en tirer une rançon. Il eût été naturel alors de se servir de l'habitant des campagnes, qui avait tout intérêt à s'opposer aux courses des envahisseurs ; mais, par une contradiction singulière, son rôle se bornait, le plus souvent, quand cela était possible, à se retirer, avec ses meubles et son bétail, dans le bourg ou le château où il avait droit de *retrait*. Ce droit de retrait compensait le service de *guet* et *garde*, et les menues réparations aux remparts que devaient les *retrahants*.

L'obligation du service militaire, différente pour le gentilhomme et le bourgeois, n'existait pas pour le paysan. Il n'en était, pour ainsi dire, pas jugé digne. Ainsi le voulaient les idées et les mœurs.

Dans les premiers temps de la féodalité, la noblesse seule portait les armes. C'était un privilège dont elle était jalouse.

Le chevalier, « *miles* », (dont on a fait le mot militaire) dédaignait toutes les occupations autres que la guerre et la chasse. Il abandonnait même à des baillis et prévôts, le soin de rendre la justice. Il avait bien avec lui, pendant la guerre, quelques hommes qui, pendant la paix, remplissaient le service de sergent dans ses terres ; mais ils étaient plutôt employés comme valets que comme soldats, et soignaient les armes et les chevaux.

L'usage des mercenaires s'étant introduit et généralisé, il fallut augmenter les contingents. Les seigneurs qui avaient des *hommes libres* dans leurs domaines, leur donnèrent des armes. Ce fut la milice. Les valets furent armés aussi, et chaque homme d'arme eut avec lui un ou deux piquiers, coustilliers (1), gens de trait (2), en dehors des archers et arbalétriers, constitués surtout par la milice des villes, et qui formaient une troupe à part.

Mais la noblesse méprisait ces auxiliaires, et il fallut les tristes journées de Courtrai (11 juillet 1302), de Crécy (26 août 1346), de Poitiers (19 septembre 1356), d'Azincourt (25 octobre 1415), pour lui faire comprendre son erreur.

Décimée à distance par les arbalétriers et les archers, malgré son armure de fer, elle laissa, à Crécy, douze cents chevaliers, 80 bannerets (3) et 11 princes sur le champ de bataille.

Avant l'organisation des armées permanentes, le seigneur, vassal du souverain, devait le service militaire à ses frais pendant quarante jours. C'était le droit d'*ost* et chevauchée.

Passé ce délai, il était mis à gage, et recevait une indemnité variable, suivant qu'il était simple écuyer, simple chevalier ou banneret, c'est-à-dire ayant sous ses ordres des arrière-vassaux. Au XV⁰ siècle, l'écuyer recevait dix sous par jour, le chevalier 20 sous. Le banneret recevait, avec la sienne, la paie de ses vassaux et la leur distribuait.

---

(1) De coustel, couteau.
(2) Espèce de pique ferrée qui se lançait de loin.
(3) Le banneret avait sous sa bannière ses arrière-vassaux.

Au XIV° siècle, cette paie était d'un tiers en moins.

Le 19 octobre 1323, Thibaut de Beaujeu donne quittance de la somme de 36 livres et 4 sols pour neuf jours à Pontarlier, avec onze hommes d'armes. Cela faisait 4 francs par jour *pour lui et sa troupe ; par conséquent, à peine sept sous par jour pour chaque homme. (Pas-de-Calais; A 420. Bib. de Besançon, collection Droz, f° 323. Comptes de Jean de la Chapelle).*

Le samedi avant la Saint-Martin d'hiver (11 novembre) mil trois cent XLVII, Jean de la Choucelle, écuyer, qui est demeuré en garnison au château de Vellrxon (1) *pendant 61 jours, à VII sols VI deniers par jour, donne quittance de 22 livres X sols VI deniers à Guillaume de Quincey, châtelain de Beaujeu, pour le duc Eudes IV.* (ARCHIVES DE LA CÔTE-D'OR, B. 372).

Dans une autre quittance du même, le 28 février 1348, pour 42 livres, il est expliqué que partie de la somme a été PAYÉE EN BLÉ. (*Côte-d'Or*, B. 372, cote 164).

Quelque extraordinaire que cela paraisse, il en était ainsi. C'était après la bataille de Crécy (26 août 1346), à l'époque où l'argent était si rare qu'on se servait de monnaie de cuir. (GOLLUT, col. 734. Edit. DUVERNOIS).

Et cet état de choses qui pesait sur toutes les classes de la société, existait depuis longtemps, malgré les expédients de Philippe le Bel et de Philippe le Long, qui avaient altéré les monnaies et expulsé les Juifs.

Le 6 juin 1294, Mahaut d'Artois, comtesse de Bourgogne et dame de Salins, femme du comte Othon IV, reconnaît devoir à Humbert Tassen, François Tassen et René Fischier, lombards (2) *et marchands d'Ast* (3), *demeurant à Gray, Pontailler et Vesoul, cent livres tournois qu'elle a empruntées, et pour lesquelles elle oblige tous ses biens.* (ARCH. DU PAS-DE-CALAIS, A. 39).

Un juif de Dijon, nommé Mouxet, avait prêté cinq livres à Guillaume de Pesmes, un des plus riches seigneurs de la Comté, et s'était fait souscrire une reconnaissance

---

(1) Canton de Fresne-Saint-Mamès, arrondissement de Gray (Haute-Saône).

(2) Le commerce et l'argent étaient entre les mains des Juifs et des Lombards : ces derniers faisaient seulement la banque. Non contents d'exploiter les villes, ils ne dédaignaient pas les localités de moindre importance. Comme on vient de le voir, il y en avait à Pontailler ; il y en avait aussi à Beaujeu, à Montbozon. (ARCH. DU DOUBS, B 634, B 78).

Quant aux Juifs, on les trouve à Gray, Apremont, Velesmes, Montbozon, Montjustin, Fondremand, etc. (ARCH. DU DOUBS, B 79, 121, 123. 127, 134).

(3) *Ast, Asti*, ville forte de Lombardie. Constituée en République au Moyen-Age, elle tomba au pouvoir du duc de Milan et devint un duché qui fut donné en dot à Valentine Visconti, quand elle épousa Louis, duc d'Orléans, frère de Charles VI, celui-là même qui fut assassiné par les gens de Jean sans Peur, duc de Bourgogne. Son fils, Charles, s'allia à Bernard d'Armagnac, son beau-père, d'où le nom d'Armagnacs donné à ce parti. La querelle des Bourguignons et des Armagnacs ensanglanta la France. Le fils de Charles devint roi de France sous le nom de Louis XII, en 1498. Son cousin, François 1er, descendu du fils puîné de Louis d'Orléans, lui succéda en 1515, et, de même que lui, voulut faire valoir ses droits sur le Milanais, comme **descendant de Valentine Visconti ou de Milan.**

de TRENTE-DEUX LIVRES, *payables la semaine après Pâques. Mais, sans doute inquiet, ensuite de quelques symptômes qui lui faisaient prévoir les mesures de rigueur dont les juifs furent victimes deux ou trois ans plus tard, il déclare, le mercredi après l'octave de la Pentecôte (7 juin 1318), se contenter de 27 francs (*CINQ CENT QUARANTE POUR CENT POUR DIX MOIS*), si on le paie avant l'époque fixée et en argent.* (ARCH. DE LA CÔTE-D'OR, B. 11222, f° 67. Et. de Clairvaux, notaire à Dijon).

Jean de Vienne, seigneur de Pagny, d'une branche cadette des comtes de Bourgogne, avait envoyé, de la Ferté-sur-Aube, un sanglier sauvage au bailli de Dijon. Son veneur, avec deux charretiers et quatre chevaux, avait fait en trois jours, à l'hôtel du Chapeau rouge, une dépense de seize gros, soit 26 sous 8 deniers (le gros valant 20 deniers). Une dette antérieure de dix gros portait la somme à 26 gros, soit 43 s 4 deniers. L'hôtelier exigea un acte notarié, avec hypothèque sur tous les biens de Jean de Vienne, *qui s'exécuta le 19 décembre 1401, chez* M. *Berthelot Cornu, notaire à Dijon.* (ARCH. DE LA CÔTE-D'OR, B. 11350, f° 74).

On voit que les bons bourgeois de la ville de Dijon, qui étaient maîtres d'hôtel en même temps que marchands d'étoffes, etc., n'avaient, dans la solvabilité de la noblesse, qu'une confiance très limitée.

Quant aux Juifs, ils leur prêtaient cinq livres à la Pentecôte pour recevoir 32ˡ à Pâques suivant : plus de *six cents* pour *cent* pour moins d'un an.

✕

L'écuyer et le chevalier étaient accompagnés, dans leur service féodal, par quelques-uns de leurs hommes qui prenaient soin des armes et des chevaux ; mais ils ne réclamaient le service militaire de leurs sujets que pour leur usage personnel.

Les bourgeois, enrôlés sous le nom de milices, ne devaient, dans certaines localités, le service à leurs frais que pendant un jour et une nuit. A Salins, l'obligation était de huit jours. A Dôle, capitale de la province et place d'armes, les bourgeois devaient, à toutes réquisitions, s'assembler et partir en campagne dans tout l'*Archevêché de Besançon.*

Par une anomalie singulière, dans certaines villes, et à Gray, en particulier, les célibataires étaient exemptés des charges de la milice.(*Recherches sur la ville de Gray,*CHRESTIN PREUVES p. 56).

Ces troupes marchaient sous l'étendard de la cité. Le 29 novembre 1409, pendant le siège de Vellexon, les eschevins de Dijon envoyèrent aux gens de la commune, pour exciter leur ardeur, l'étendard *nouvellement fait aux armes de la ville.* (*Délib. de la ville de Dijon,* p. 58).

Les milices ont fait leur apparition à la bataille de Bouvines, que le roi de France, Philippe-Auguste, gagna le dimanche 27 août 1214, contre l'empereur Othon de Brunswick et le comte de Flandre. A partir de ce moment, leur concours fut toujours demandé par les rois et les grands-vassaux, qui trouvaient, dans leurs bonnes villes, un puissant concours contre les ennemis du dehors et les prétentions de la noblesse.

Ce fut à cette époque que s'organisèrent dans les villes, les compagnies d'archers ou d'arbalétriers, sous le nom de *Chevaliers de l'Arc*. La ville de Gray avait sa compagnie d'arbalétriers. En 1364, cette compagnie était commandée par Odin Alouet, *maître des Arbalétriers* qui, le 8 juillet, reçut l'ordre d'aller avec quarante de ses hommes, devant Dampierre-sur-Salon, alors au pouvoir des Grandes Compagnies, et dont on voulait faire le siège. Leur solde était de xv florins par jour, soit 4 sous 6 deniers par homme, le florin valant 15 sous. (*Côte-d'Or*, B. 1426, f⁰ 8).

Déjà le 2 mars de la même année, lorsque Bertrand Gast (1), capitaine de routiers, en garnison à Gray, prit le château de Sauvigney (2), il avait avec lui cent arbalétriers de la ville. (Côte-d'Or, B. 1418, f⁰ 20).

En 1369, on les envoie au siège de Rochefort-sur-le-Doubs. (Côte-d'Or, B. 1426).

C'est donc à tort que les auteurs de l'Histoire de Gray semblent croire que la compagnie des arbalétriers de la ville n'était pas organisée avant 1427, et disent que la première mention dans les

---

(1) Bertrand Gast, d'*Alexandrie*, était un capitaine de routiers engagé pour DEUX MOIS, par la comtesse de Flandre, qui ne craignit pas d'aller à Dijon le prendre au duc Philippe. « A Bertrand Gast, d'Alexandrie, et à Haubert, son frère, *lois capitaines de* « *Gray*, institués de par Madame de Flandre et de Bourgogne et par ses lettres *don-* « *nées à Dijon*, le xviii⁰ jour du mois de février mil iii⁰ lxiii (nouveau style 1364) « pour causes des gaiges à eux dus de *deux mois entiers*, commencés le xix⁰ jour « de février dessus dit, et finis en avril, qu'ils ont servi audit lieu de Gray avec leur « route de X hommes d'armes et V archers, et prenaient de gaiges par mois, IX xx « florins de Florence, dont *Madame devait payer la moitié et les bourgeois de Gray* « *l'autre*. » (Côte-d'Or, B. 1415, f⁰ 16 r⁰. Compte de Thibaut Billaut, trésorier de la Comté).

Les deux mois finis et du reste bien employés, Bertrand Gast retournait au service du duc Philippe : « Samedi vii juing mil iii⁰ lxiiii, audit Gérard le Paiget, pour porter « à Pontailler, à Bertrand Gast, lettres closes du seigneur de Sombernon et des « autres gens du Conseil étant à Dijon, contenant que lettres veus, il vint à Dijon « parler à eux de certaines choses dont on ne povait escrire. » (Côte-d'Or, B. 1416, Compte de Dimanche Vitel, trésorier du duché).

Je ne crois donc pas qu'on puisse compter Bertrand Gast au nombre des *châtelains* ou *gouverneurs* de Gray, pas plus que son frère, capitaine comme lui. (Voir *Histoire de Gray*, p. 735).

(2) Sauvigney-les-Angirey, canton de Gray.

comptes de la ville est faite en 1455. (*Edit.* Ch. GODARD, p. 280).

J'ai dit que les mainmortables étaient dispensés du service militaire.

Dans certaines circonstances, en cas d'un siège dans la province, par exemple, on avait recours à eux ; mais ils n'étaient pas armés, et servaient d'auxiliaires. Ils étaient levés dans le voisinage et requis par les prévôts, sur les ordres du prince : ils étaient considérés comme ouvriers et recevaient un salaire.

Des détails des plus instructifs sur cette question sont fournis par les comptes du siège de Vellexon, en 1409. Ce siège, qui dura quatre mois, du 22 septembre 1409 au 22 janvier 1410, amena, sous les murs de cette petite forteresse, la noblesse et la milice de toute la Comté et d'une partie du duché, *sans compter trois ou quatre cents auxiliaires travaillant de leur métier* : les charpentiers, à l'érection d'abris pour les troupes et les *engins* (1) ; les forgerons, à la réparation de l'artillerie ; les tailleurs de pierres, à la confection des boulets, dont quelques-uns pesaient jusqu'à 700 livres. Le reste était employé au transport des munitions, à la manœuvre des engins, aux terrassements et à tous les travaux accessoires. (ARCH. DE LA CÔTE-D'OR, B. 11,871).

✕

Le besoin d'aventures, et surtout l'espoir du butin, décidèrent souvent les paysans à s'enrôler dans les troupes mercenaires, ramassis de toutes les nations, Anglais, Bretons, Brabançons, Aragonais, gens sans aveu, ne vivant que de la guerre. Il eut été plus logique de les faire servir à la défense du pays, d'autant plus qu'une fois la guerre finie, ces bandes armées vivaient aux dépens des campagnes, qu'elles rançonnaient sans pitié.

C'est ainsi qu'elles ravagèrent les deux Bourgognes après le traité de Bretigny (8 mai 1360), sous le nom de Grandes Compagnies, ayant dans leurs rangs *mauvais Français*, dit Froissard, *qui étaient appovris par les guerres et si volaient se recovrer.* (FROISSARD, chap. CXLII).

---

(1) Le mot engin désignait les appareils, *catapultes ou autres*, qui lançaient des pierres avant l'invention de l'artillerie. Il y avait le maître des engins ou *Engineur*, dont on a dû faire le mot ingénieur.

Nos malheureuses contrées furent encore dévastées par les *Écorcheurs,* après la paix d'Arras, conclue le 21 septembre 1435, entre Charles VII et Philippe le Bon, duc de Bourgogne, qui abandonnait définitivement les Anglais (1).

A cet état de choses, il n'y avait qu'un remède, c'était l'organisation d'une armée permanente, disciplinée et prête à marcher au premier signal, mais surtout payée régulièrement, pour ôter toute excuse au brigandage. Les ordonnances, rendues aux États généraux, tenus à Orléans en 1439, créaient quinze compagnies de cent hommes d'armes ou cent lances chacune.

« L'homme d'arme devait être gentilhomme : il avait avec lui trois archers à cheval, un coustilier et un page armé à la légère. Chaque compagnie représentait donc six cents hommes, équivalant au régiment de cavalerie actuel à quatre escadrons.

« Ces quinze compagnies, dites COMPAGNIES D'ORDONNANCE, devinrent plus tard les troupes d'élite, et constituaient la GENDARMERIE DU ROI. Elles étaient sous le commandement immédiat du roi, représenté par le connétable, et *appartenaient* aux princes du sang qui en étaient les capitaines, mais ne marchaient pas à leur tête. Ils étaient remplacés par des *capitaines-lieutenants,* sortis de la meilleure noblesse, et connus par leur valeur.

« Ces troupes recevaient une solde annuelle de 400 livres pour l'homme d'armes, et 200 pour l'archer, qui, le plus souvent, était un écuyer.

« En 1448, de nouvelles ordonnances créèrent les *Francs-archers,* point de départ de l'infanterie, qui ne fut définitivement organisée qu'en 1479, et qui admettait *des hommes de toutes conditions.* (Général SUSANE, *Armée française,* T. I, p. 23 et suivantes). »

A partir de ce moment, le paysan fut appelé officiellement à porter les armes dans les troupes régulières. Il put même, lorsqu'il était servi par les circonstances et les événements, sortir du rang et arriver au commandement d'une compagnie (2), et sur-

---

(1) Malheureusement, cinq ans auparavant, il avait laissé livrer Jeanne d'Arc, prise par un de ses vassaux devant Compiègne, le 23 mai 1430.

(2) Les registres paroissiaux de Gray, de Champlitte, d'Autrey, de Bouhans, etc., en fournissent la preuve. On voit même ces officiers de fortune s'allier à la petite noblesse et se qualifier d'écuyer.

tout après que Louvois, ministre de Louis XIV, eut imaginé *l'ordre du tableau*, c'est-à-dire l'avancement d'après l'ancienneté (1).

Mais les gens de roture, ou, pour mieux dire, les paysans proprement dit, avaient contre eux la bourgeoisie des villes (2) qui s'était enrichie aux dépens de la noblesse, et cherchait à s'élever jusqu'à elle, avant de la supplanter.

Cette bourgeoisie, riche, ambitieuse, ayant reçu de l'instruction, s'était portée d'abord vers l'étude des lois qui la conduisait aux fonctions judiciaires et lui ouvrait les portes du Parlement. Mais quelques-uns de ses enfants embrassaient la carrière militaire, d'autant plus qu'en faisant profession des armes, sans exercer aucun emploi, on arrivait à la noblesse. Il suffisait même d'acquérir un fief et de *desservir*, en suivant le souverain à la guerre, pour être reconnu gentilhomme.

Les archives de toute les provinces en fournissent la preuve. Cela avait même pris de telles proportions qu'un Édit d'Henri IV, en 1600, « porta que la profession des armes n'anoblirait plus « celui qui l'exerçait, et même qu'elle ne serait pas sensée avoir « anobli ceux qui avaient exercé depuis 1563, c'est-à-dire depuis « l'origine des guerres civiles.

« L'ordonnance de Blois, en 1579, avait déjà supprimé la no- « blesse acquise par les fiefs. » (Général SUSANE, *Armée française*, t. I, p. 49 et suivantes).

Les ordonnances du roi de France, Charles VII, pas plus que celles de ses successeurs, ne pouvaient avoir d'effet dans la Franche-Comté. Ce fief *féminin*, c'est-à dire transmissible par les femmes, était alors réuni au duché de Bourgogne. Il passa ensuite dans la Maison d'Autriche, puis dans celle d'Espagne, et ne devint définitivement français, qu'après la conquête par Louis XIV, en 1674, et la paix de Nimègue qui la sanctionna.

Mais les motifs qui avaient décidé le roi de France à créer des armées permanentes, existaient aussi pour les ducs de Bour-

---

(1) Saint-Simon, au chapitre LVIII de ses *Mémoires*, critique violemment cette innovation de Louvois, comme contraire aux privilèges de la noblesse.

(2) Les mainmortables qui désavouaient leur seigneur et se déclaraient hommes liges du souverain de la province, allaient, le plus ordinairement habiter la ville ou les bourgs et devenaient *bourgeois*. Mais il leur fallait un certain temps pour se façonner à leur nouvel état, et se trouver sur le pied d'égalité avec la vieille bourgeoisie.

gogne ; et la rivalité qui eut lieu entre Louis XI, fils de Charles VII èt le duc Charles le Téméraire, ou le *Belliqueux*, devait faire naître cette émulation qu'on voit aujourd'hui dans les divers États de l'Europe. Aussi les troupes de Charles le Téméraire ne le cédaient en rien à celles de la France. (Voir de LA CHAUVELAYS : *Les Armées du duc de Bourgogne*. Paris, 1881. In-8º).

Après la mort de Charles le Téméraire devant Nancy, le 5 janvier 1477, sa fille Marie porta la Comté à la maison d'Autriche par son mariage avec l'archiduc Maximilien.

L'isolement où se trouvait cette province devait amener une organisation militaire spéciale, et la duchesse Marguerite, fille de Marie de Bourgogne et de Maximilien, et tante de Charles-Quint, chargée du gouvernement de la Franche-Comté, eut l'heureuse idée de négocier un traité de neutralité qui, signé à Saint-Jean-de-Losne en 1522, par l'intermédiaire et avec la garantie des cantons Suisses, fut renouvelé pendant cent ans passés, jusqu'à la malheureuse guerre de 1636.

Par ce traité, qui n'existait en somme qu'entre les deux Bourgognes, il était admis que les habitants des deux provinces pouvaient servir leurs princes dans d'autres contrées, sans s'exposer à être traités comme prisonniers de guerre, en cas de séjour dans la province voisine. Cela explique pourquoi la Franche-Comté avait en quelque sorte deux armées distinctes : l'armée ou milice provinciale et l'armée du prince. Cela avait le mérite de répondre aux besoins du pays et au tempérament des habitants (1).

L'armée provinciale était uniquement destinée à la défense du territoire. Elle se composait primitivement des milices des villes et des communes libres, constituées en compagnies d'arbalétriers, arquebusiers, qui s'exerçaient régulièrement.

---

(1) Il est à remarquer que cette organisation est, à peu de chose près, celle des armées d'aujourd'hui.

On y trouve en effet : 1º *Une armée active* représentée par la noblesse, qui devait le service militaire à toute réquisition et marchait au premier signal ; c'était le Ban ;

2º *La Réserve de l'armée active*, c'est-à-dire l'arrière-ban, fournie encore par la noblesse, d'après l'importance de ses fiefs ;

3º *L'armée territoriale*, fournie par les *élus* des villes, villages et communautés, *avec cette différence que ces élus n'avaient pas passé par l'armée active et la réserve ;*

4º Une *armée pour opérer en dehors*, constituée par des enrôlements volontaires, comme on le propose, non sans raison, aujourd'hui pour notre armée coloniale.

On y ajouta « trois régiments de *gens de pied*, l'un pour le « bailliage d'Amont, la terre de Luxeuil et de Vauvillers (1) « comprise ; un autre pour le bailliage d'aval et la terre de Saint- « Claude, et le troisième pour le bailliage de Dole ; le tout formant « vingt-cinq compagnies. Chaque compagnie était de deux cents « hommes de pied et de dix chevaux. Cela faisait cinq mille « hommes de pied et deux-cent-cinquante chevaux. Chaque « compagnie se composait de cinquante piques, dix hallebardes, « quarante mousquets et cent arquebuses. La moitié de la cava- « lerie était cuirassée à l'épreuve, et l'autre moitié était formée « d'arquebusiers à cheval...

« Les régiments étaient commandés par des colonels désignés « par le gouverneur de la province. Ils avaient sous leurs ordres, « pour chaque compagnie, un capitaine, un enseigne, deux ser- « gents et huit caporaux.

« Les soldats désignés sous le nom d'élus, étaient choisis, dans « les communautés ou villages, parmi les plus robustes et les « plus *pratiques* de la guerre. Ils devaient être ensuite agréés « par les capitaines, qui *avaient rôle* des noms, prénoms et âges « et des villes ou villages où ils avaient été choisis...

« Ils devaient s'assembler une fois par an pour être passés en « revue » ; (*et là se bornait tout leur service, car ils ne devaient être appelés sous les armes qu'en cas d'*ÉMINENT PÉRIL). J. PES- TREMAND, *Ordonnances*, page 344.

Le bailliage d'Amont, soit le département de la Haute-Saône actuel, devait fournir douze compagnies, dont trois pour le ressort de Gray.

Gray qui avait 630 feux devait armer cinq chevau-légers et cinq arquebusiers.

Beaujeu, avec ses 110 feux, devait fournir une hallebarde, deux piques, deux mousquets, deux arquebusiers.

Dampierre-sur-Salon, avec 97 feux : deux piques, un mousquet, cinq arquebusiers.

---

(1) Vauvillers, chef-lieu de canton de l'arrondissement de Lure, était revendiqué par les provinces voisines et fut le sujet de longs démêlés entre les comtes de Bourgogne et les ducs de Lorraine et de Bar. Après un siècle de luttes diplomatiques, on laissa Vauvillers en *surséance*, et les seigneurs en eurent la souveraineté en dépôt. Les Duchatelet se disaient *souverains de Vauvillers*, au XVIᵉ siècle, et y FAISAIENT BATTRE MONNAIE. (*Hist. généalogique de la famille Duchatelet par* DOM CALMET).

Autel avec 95 feux : trois piques, deux mousquets, deux arquebusiers.

Montot avec 48 feux : une hallebarde, trois arquebusiers.

Mont-le-Frânois avec 48 feux, armait quatre arquebusiers. (A. DE TROYES, *Recès des États*, t. II p. 157).

Au premier abord cela paraît assez élevé ; mais il ne faut pas oublier que ces troupes, réservées exclusivement pour la défense du territoire, ne faisaient en temps de paix aucun service. De sorte que, tant que dura la neutralité entre les deux Bourgognes, c'est-à-dire de 1522 à 1636, le paysan franc-comtois était privilégié (1).

Une autre faveur lui avait été accordée. L'article VI de la déclaration du 9 avril 1612, par les archiducs Albert et Isabelle (2),

(1) Un traité de neutralité d'une durée indéfinie fut signé en 1644 par Claude de Bauffremont, gouverneur de la Franche-Comté.

(2) Les archiducs Albert et Isabelle, cousins issus de germains étaient tous les deux de la Maison d'Autriche. Mais Isabelle était de la branche espagnole de cette Maison. Son père était le célèbre Philippe II, roi d'Espagne, fils de Charles-Quint.

Albert était le septième des dix fils de l'empereur Maximilien II et, par conséquent, il était petit-fils de Ferdinand I, frère de Charles-Quint et empereur d'Allemagne après lui.

La séparation des deux branches de la Maison d'Autriche s'était faite en 1521 ; et dans le partage qui eut lieu entre les deux frères, Charles-Quint, marié à Isabelle de Portugal, eut l'Espagne avec les Pays-Bas et la Comté de Bourgogne ; Ferdinand, marié à la sœur du roi de Hongrie, lequel mourut sans enfants, reçut l'Autriche.

La mère d'Isabelle était Elisabeth de France, fille du roi Henri II et de Catherine de Médicis. Le roi Philippe II, veuf de Marie de Portugal et de la reine Marie d'Angleterre, l'avait épousée à la suite du traité de Cateau-Cambrésis, qui mit fin à la guerre entre la France et l'Espagne en 1559.

Isabelle était donc la nièce du roi de France Henri III, et son héritière naturelle *avec sa tante Marguerite de Valois*, sœur de sa mère, et mariée à Henri de Bourbon, le *Béarnais*, roi de Navarre.

Mais, outre que le roi de Navarre aurait pu, lui aussi, faire valoir les droits de sa femme, la loi salique le désignait comme le véritable roi de France.

Cependant, comme il avait été élevé dans la religion réformée, il trouva une vive opposition de la part des Guises et de la ligue, soutenue par Philippe II, qui mit en avant la candidature de sa fille, en offrant même de la marier à un prince français.

Ses propositions n'eurent pas d'écho ; et le Béarnais ayant embrassé la religion catholique, fut reconnu roi, sous le nom d'Henri IV.

La paix entre la France et l'Espagne ayant été définitivement signée à Vervins, le 2 mars 1598 ; le 6 mai, Isabelle reçut de son père la Franche-Comté et les Pays-Bas. Elle épousa son cousin l'année suivante.

Albert mourut le 13 juillet 1621 ; Isabelle lui survécut jusqu'au 1er décembre 1633. Après sa mort, la Comté retourna à son neveu Philippe IV. Si elle n'avait pu obtenir la couronne de France, elle eut la consolation de la voir sur la tête de sa nièce, Anne d'Autriche, fille de son frère Philippe III

En effet, en 1615, un double mariage avait eu lieu entre les maisons de France et d'Espagne. Louis XIII, roi de France et sa sœur Elisabeth avaient été mariés aux Infants d'Espagne, Anne d'Autriche et Philippe, qui devint roi d'Espagne sous le nom de Philippe IV, en 1621. L'*échange* des princesses avait été fait à Andaye le 4 novembre 1615.

souverains de la Franche-Comté, dit textuellement « que ceux du Tiers-État étant capables soient entremis aux charges et offices militaires. »

Il ordonne « aux colonels de choisir les capitaines, et aux capi-« taines de prendre leurs autres officiers entre ceux dudit Tiers-« État, *tant que faire se pourra, et qu'il s'en trouvera de suffisants* « *et capables*, afin de ne pas *divertir* (détourner) les nobles du « service qu'ils doivent en même temps au *rièreban.* »

Cette recommandation fut confirmée le 18 juin de la même année 1612 : « déclarons, *pour lever toute obscurité*, notre inten-« tion estre que quand les colonels choisiront des capitaines, et « quand iceux capitaines prendront des officiers, ils en choisiront « *aucuns* (quelques-uns) du Tiers-État qu'ils trouveront à ce « capables et suffisants ; *en sorte que tant ceux du Tiers-État que* « *les nobles soient employés selon leurs qualités et suffisances* ». (J. PETREMAND. Ordonnance p. 347.)

L'armée du prince se composait du ban et de l'arrière-ban (ou rièreban, comme on disait alors).

De ces deux mariages étaient nés, en France, Louis XIV, et en Espagne l'infante Marie-Thérèse, qui étaient ainsi doublement cousins-germains. Ils furent unis le 9 juin 1660, sans s'être jamais vus avant leurs fiançailles, qui avaient eu lieu dans l'*Ile de la Conférence*, au milieu de la Bidassoa, rivière qui sépare la France de l'Espagne.

Je n'ai pas parlé du mariage de François Ier., en 1530, avec Eléonore d'Autriche, sœur de Charles-Quint, et tante de Philippe II.

Il semblerait que ces alliances multiples et répétées devaient amener l'entente entre la France et l'Espagne, ou au moins laisser la Comté en paix, sous la protection de son traité de neutralité.

Il n'en fut rien, au contraire. Tant il est vrai que plus on a de points de contact et d'intérêts communs, plus on a de sujets de discussion et de chances de querelles !

Pour se venger de son beau-frère, le roi d'Espagne Philippe II, qui avait soutenu la ligue et lui avait disputé le trône, Henri IV qui avait fait d'abord envahir la Franche-Comté par Tremblecourt, y entra lui-même, après la victoire qu'il remporta à Fontaine-Française le 5 juin 1595.

En 1636, la politique de Richelieu, qui voulait abaisser la Maison d'Autriche, lança les armées françaises sur la Franche-Comté, malgré le traité de neutralité renouvelé pour 29 ans, en 1621, à l'avènement de Philippe IV, frère de la reine de France.

Le mariage de Louis XIV et de Marie-Thérèse qui aurait dû empêcher de nouvelles guerres, en fut au contraire la cause.

Par son contrat de mariage, l'Infante renonçait, il est vrai, à tous ses droits sur l'héritage paternel ; mais il avait été stipulé, en échange, une dot de 500.000 francs. Cette dot n'ayant pas été payée, Louis XIV revendiqua la Franche-Comté et la prit en trois semaines (du 1er au 19 février 1668), *moins par les armes* que par *l'intrigue.*

Rendue à l'Espagne par le traité d'Aix-la-Chapelle (2 mai 1668), la Franche-Comté fut de nouveau conquise en 1674, pour rester définitivement à la France.

Lorsque Charles II, fils de Philippe IV et frère de Marie-Thérèse, eut désigné pour son successeur au trône d'Espagne, son petit-neveu le duc d'Anjou, petit-fils de Louis XIV, la France dut soutenir *la guerre de la succession d'Espagne*, contre l'Europe coalisée, et se trouva à deux doigts de sa perte.

Le ban était constitué par la noblesse, qui devait le service personnel à toute réquisition.

L'arrière-ban était formé de cinq cents chevau-légers, « *tous armés de même sorte* », fournis par les féodaux (ou possesseurs de fiefs) en proportion du revenu de leurs fiefs.

L'arrière-ban, lui aussi, ne se mettait en campagne qu'en cas d'*éminent péril* (Voir J. PETREMAND. *Ordonnances*, p. 347).

Dans le ban original, enregistré à la Chambre des Comptes de Dôle, les fiefs du ressort de Gray ont 88.509 livres de revenus et doivent fournir 63 chevau-légers, sur cinq cents que donnait l'ensemble des fiefs du Comté de Bourgogne.

J'ai dit que Montot, appartenant alors à Marc de Beaujeu, produisait 1500 livres de rente. Il devait un cheval léger (ou chevau-léger). (LABBEY DE BILLY, *Hist. de l'Université*, t. II, p. 149-150).

En dehors du ban et du rièreban qui devaient le service militaire, le Prince levait, sous forme d'enrôlement volontaire, des troupes qui servaient en dehors de sa province.

Sous Philippe II, fils de Charles-Quint, il y avait, en Flandre, deux régiments d'infanterie et quatre compagnies de cavalerie de cent hommes chacune, commandés par des gentilhommes du pays.

Sous Philippe IV, qui monta sur le trône d'Espagne en 1621, le nombre des régiments fut augmenté. Il y en eut d'abord trois, qui étaient commandés par le marquis de Varanbon, le baron de Montcley et le seigneur de Maizières.

Un quatrième régiment avait été enrôlé avec La Verne comme colonel ; mais, malgré les traités, Richelieu refusa le passage pour aller dans les Pays-Bas. (DUNOD, *Mémoires pour servir à l'histoire du comté de Bourgogne*, t. III, p. 527-540-541).

Ces soldats, après avoir servi dans cette infanterie espagnole si bien disciplinée et si redoutable, rentraient dans leurs foyers et étaient naturellement désignés pour les Compagnies d'Élus. On comprend alors qu'ils n'avaient pas besoin d'être exercés, et qu'en cas de danger, la Franche-Comté avait des troupes aguerries. Aussi, lorsque Richelieu, en 1636, lança Condé avec 15.000 hommes d'infanterie et 5.000 chevaux sur la Franche-Comté, ce prince ne put prendre Dôle, défendue par ses milices divisées en neuf compagnies (soit 1.800 hommes) et une faible garnison. Après un siège de deux mois (du 29 mai au 15 août), il dut se retirer, avec des pertes importantes, à l'approche d'une armée de secours de beaucoup inférieure à la sienne.

FIN

PIÈCES JUSTIFICATIVES

Protocole de Hugues Fevre, notaire a Mirebeau

Archives de la Côte d'Or, B. 11282, f° 76, v°

1445 (le 9 février). — Environ quatre heures après midi, le dit jour en la ville de Charmes devant l'ostel ou demore Villot Bizot aliàs Aubriot dudit Charmes, en la présence de Hugues Fevre de Mirebel, clerc coadjuteur du tabellionage de Dijon pour monseigneur le duc de Bourgoigne et des tesmoings cy après escripts, noble homme Pierre de Beljeu escuier, seigneur dudict Charmes en partie dict et expose les paroles ou les semblables en effect comme substance qui s'ensuivent adréceans audict Villot illec présent ; C'est assavoir Villot je trouve que vous estes des hommes de Montot et dela Seignorye, que je y tiens à cause de Jehanne de Montot ma femme, et en tenez de cette seignorye plusieurs mez et héritaiges, et toutefois vous ny demorés point ne scay pourquoi se est ; Écoutés voyés *je vous offre en somme se autres vous y ont fait aucun tort, tant les prédécesseurs de ma dicte femme comme autres de vous y faire tel droit et telle raison que vous n'aurez cause de moy forfaire ne advouer à autre seigneur de moy.* Et pour ce je vous requiers et somme de venir demorer soubs moy et y faire résidence ainsi comme mes autres hommes font. Et ces presentes offres soùmettant et refusées je vous fays tant en mon nom comme au nom de ladite Jehanne ma femme, en la présence de ces bonnes gens qui sont ycy présents, et à vous Hugues Fevre, notaire publique, je vous en demande instrument ung ou deux ou plusieurs à advis des saiges pour valoir a moy et à ma dite femme ou a mes hoirs ce que de droit et de coutume nous devra valoir, de et sur toutes les spéciales choses dessus dites, ledict Pierre de Beljeu requist et demanda à moy ledit Hugues

Fevre a luy estre fait instrument publique ung ou plusieurs au dire des saiges soubs le scel de monseigneur le duc, lequel je luy ai octroyé ; présent Hugues Bayet alias Vuillerey de Cuserey Thibaut Blandin de Besouote et Guyot Viennot aliàs Bisot de Charmes tesmoings ad ce appelés et requis les jour, lieu et heure dessus dits.

N. B. — On retrouve Vuillot Bizot le 6 mai 1450 et le 14 février 1451, dans les protocoles du notaire Hugues Fèvre. Il n'a donc pas quitté Charmes pour regagner Montot, malgré la sommation de son seigneur.

Archives de la Côte-d'Or, B. 407 : Original parchemin.

5 décembre 1403. — Au nom de Notre Seigneur Amen, Par ce présent public instrument, Je Robin Queners clerc coadjuteur de honorable homme Guillaume Chambly tabellion de Dijon pour Monsieur le duc de Bourgogne fais scavoir à tous que l'an de l'Incarnation Notre-Seigneur courant mil quatre cent et trois, le mercredi cinquième jour du mois de décembre, moy estant en la ville de Regneves sur Vingeanne en l'hostel de Guyot le Mayre dudit Regneves, et en la présence des tesmoings cy dessoubs nommés, Estienne et Jean des Berthins dudit Regneves frères, enfant de feu Berthin d'Auteville, fils Girardot d'Autheville, et de Jaquotte jadis femme dudit Berthin, se sont advoués hommes lièges de mondit Seigneur le duc de Bourgoigne aulx us et coutumes de la ville de Dijon ou de Talant, en désavouant touts autres Seigneurs et par spécial Simon d'Angoulevant escuyer, seigneur dudit Regneves en partie; parmy ce que iceulx frères paieront chascun an à mondit Seigneur le Duc chascun ung sol tournois, à paier à la feste de Toussaint, au prevost de mondit Seigneur à Dijon au aultre part, là ou bon semblera et sera advisé par les gens du Conseil de mondit seigneur le Duc ;

Lesquels désaveu et aveu faits en la présence dudit Symon d'Angoulevant, honorable homme et saige Jean Ledain, procureur de mondit seigneur le duc ;

Et lesdits frères ont requis et demandé à moy ledict coadjuteur avoir instrument soubs le scel de la cour de mondit Seigneur, lequel je leur ai auctroyé pour leur valloir ce que raison donnera. En tesmoing de ce j'ay requis et obtenu le dict scel être mis à ce présent public instrument, fait et donné, présent Michel Churest, Guyot de Granges demorant à Mirebel, Girard Fournier

de Vonges et Huguenin Charton de Heuilley-sur-Saône tesmoings
à ce requis et appelés, les an et jour dessus dicts.

Signé Queners, et scellé d'un scel sur double queue de parchemin.

Archives de la Côte-d'Or, B. 11316, f° 182.

Pròtocoles d'Oudot Godard, notaire a Dijon.

22 septembre 1393. — Jehan Joly de Jussey, fils Richard de Beljeu se fait dès maintenant homme de noble homme Henry de Baudoncourt, escuier seigneur de Bère présent et en désavouhant tous seigneurs de leur juridiction etc., pour lui et sa postérité née et à naistre, et advouhant son seigneur ledit Henry, etc.... Pour plusieurs agréables services etc., lediz Henry donne perpétuellement audit Jehan tant pour lui et pour Jehanote sa femme avenir etc, une faulx de prés assise en la prairie de Bère es essars dessoubs lesclouse, entre lediz Henry d'une et d'autre. Item deux journaulx de terre assis au finaige de Bère au lieu que l'on dit es Combes, de la terre es hoirs au Curtis d'une part.... lequel héritaige il promect tenir dessoubs ledict Henry et dois *promect de tenir tous aultres héritaiges paternels et maternels dessoubs ledict Henry, sans ce que les diz héritaiges et biens aultres quelconques acquéris, il puisse vendre, aliener et ne eschanger sans la licence du dict Henry etc.*. et parmi ce le dict Jehan doit bien et lealement servir le dict Henry pour le terme de trois ans à présent commençant, etc., en toutes choses licites et honestes, procurer et faire son profict, évitant tout dommaige, promectant chacune partie et dois le dict Henry promect garantir, etc., s'obligeant le dict Jehan corps et biens, etc. renonçant et submettant, etc. Tesmoings Pierre Lebreton d'Arceaulx, prestre Regnaudot le Bavouset, André Le Maistre alias Rousselot de Bère, Perrenot le Vannier, de Dijon, clerc : die predicta XXII septembris. Seront faictes lettres audit de Saige, deux l'une pour le dict Henry lung pour Jehan, etc.. Le dict Henry doit fournir ledict Jehan et sa femme future de toutes leurs nécessités selon leur estat et la faculté dudict Henry.

(Au recto du feuillet suivant se trouve le contrat de mariage de Jehan
Joly et de Jehannote, fille de Jehan Bertholomin de Bère)

Au traicté de mariage advenir de Jehan Joly de Jussey demorant à Bère d'une part, et Jehannote fille de Jehan Bertholomin dudict lieu d'autre part, accordez est qu'ils seront mariéz ensemble par moitié meubles et acquest selon la générale coustume du duché de Bourgoigne, etc.., nonobstant la coutume locale de la ville de Dijon et toutes aultres ad ce contraire... Item pour contemplation dudict mariage noble homme Henry de Baudoncourt escuier sgr de Bère donne audict Jehan au profict de luy XIIII francs d'or pour une fois dont seront acquis héritaiges, Item *ung lict garny* et *une robe pour ladicte Jehannote.* Et au cas que le dict Jehan lui retournera fuers comme tant qu'il vult que la dicte Jehannote tienne son douhaire tel que le appartient etc. en lui facant son hoirie promectant panre etc... Et Huguenin et Jehan frères de la dicte Jehannote ont promis de payer pour leurs femmes de bailler à la dicte Jehannote leur sœur son droict qu'il la peut compéter à cause de père et de mère sans qu'il luy ait point de fraude, etc..... promectant chascune des parties et obligeant, etc... Tesmoings : Messire Pierre le Breton prestre, messire Jehan Boisset d'Aneres (1) prebstres, Perronet Chapellain Estienne son frère et plusieurs austres dudict Bère.